AF339128

RUDOLF STEINER

THÉOSOPHIE

Etude sur

LA CONNAISSANCE SUPRASENSIBLE

et

LA DESTINÉE HUMAINE

TRADUIT DE L'ALLEMAND
PAR
ELSA PROZOR

ÉDITIONS ALICE SAUERWEIN
Dépositaire général
LES PRESSES UNIVERSITAIRES DE FRANCE
49, boulevard Saint-Michel, 49
PARIS 1923

Depuis l'époque où cet ouvrage a été écrit, Rudolf Steiner a employé, de préférence, le mot d'anthroposophie pour désigner son propre enseignement. Ce mot est, du reste, plus approprié à la doctrine ésotérique de l'auteur ; mais nous n'avons pas cru devoir modifier le titre de l'ouvrage et nous avons conservé le vocabulaire que Rudolf Steiner employait à l'époque où il a été publié. Il doit être entendu que le mot de Théosophie, utilisé depuis plus d'un siècle par les occultistes français, n'implique aucune similitude avec les vues d'aucune des différentes sociétés portant ce nom.

NOTE DE L'ÉDITEUR.

27 Juin 1923.

REMARQUES CONCERNANT LA NOUVELLE ÉDITION DE CE LIVRE

En 1918, avant que ne parût la neuvième édition de cet ouvrage, je l'ai soigneusement revisé. Depuis cette époque la conception anthroposophique du monde que j'y ai exposée a été combattue dans de nombreux écrits. En 1918, j'ai fait à cet ouvrage de multiples additions et j'en ai développé plusieurs points. L'édition actuelle n'a pas donné lieu au même travail. Si l'on veut bien considérer qu'au cours de sa rédaction j'ai envisagé moi-même, en maint passage, toutes les critiques auxquelles il pouvait donner lieu, les pesant et m'efforçant de les réfuter, on saura l'essentiel de ce que je pourrais répondre à mes contradicteurs.

Les raisons d'ordre intérieur qui m'ont incité en 1918 à augmenter la nouvelle édition de ce livre n'existent pas aujourd'hui. Ma conception anthroposophique du monde s'est, cependant, développée sur bien des points et il m'a été permis de l'approfondir d'une façon toute particulière durant ces quatre années. Les données de cet ouvrage fondamental n'en ont nullement été ébranlées et j'ai jugé, au contraire, que l'exposé qui en était fait ne méritait aucune transformation essentielle.

Rudolf Steiner.

24 Novembre 1922.

PRÉFACE A LA SIXIÈME ÉDITION

Une nouvelle édition du présent ouvrage étant devenue nécessaire, je l'ai, comme à mon habitude, soigneusement révisé. Les remarques que renferme la préface
de la troisième édition, s'appliquant également à celle-ci,
j'ai jugé utile de la conserver. Je me suis surtout efforcé,
dans l'édition nouvelle, à mettre plus de clarté dans les
détails de l'exposition. J'ai conscience de tout ce qui lui
manque encore à ce point de vue. Lorsqu'on décrit le
monde spirituel, la découverte du mot propre, de la
tournure de phrase qui exprimeront un fait, qui rendront
compte d'une expérience dépendent des progrès de
l'âme au travers de ce monde. Quand l'heure est venue,
l'expression se découvre d'elle-même, alors qu'elle restait introuvable lorsqu'on faisait effort pour la découvrir.

Je crois qu'il m'a été permis de faire faire d'importants progrès à cette étude du monde spirituel. Maint
détail n'a, pour moi, trouvé qu'à présent, son expression
conforme. J'ai le droit de dire que, depuis dix ans, époque
où parut la première édition, ce livre a participé aux
expériences que mon âme a faites, en travaillant à accroître sa science des mondes spirituels. Bien que l'édition actuelle concorde absolument avec la première dans

tout ce qu'elles ont d'essentiel et même dans leur rédaction, on pourra sentir, cependant, dans plusieurs passages,
que j'ai traité ce livre comme un être vivant que j'aurais
fait profiter de tout ce que je crois avoir acquis en
dix années de recherches spirituelles. — Ce livre ne
devant être qu'une nouvelle édition de l'ancien ouvrage
et non point un ouvrage entièrement nouveau, j'ai été
obligé de maintenir dans certaines limites les transformations que je lui faisais subir. Je me suis efforcé,
notamment, en l'augmentant et en le revisant, de prévoir
les questions que pourraient susciter certains passages
et d'y répondre au cours du livre.

J'écris ces lignes, qui serviront de préface à la sixième
édition, à une époque troublée et mon âme est émue.
La dernière page était imprimée, lorsque fondit sur
l'Europe le lourd destin que l'humanité est en train de
vivre. Il me semble imposible, en écrivant cette préface de ne pas faire allusion aux sentiments qui assaillent
l'âme en un pareil moment.

7 Septembre 1914.

Rudolf Steiner.

8

PRÉFACE A LA TROISIÈME ÉDITION

Ce livre a pour objet de décrire certaines parties du monde suprasensible. Ceux qui n'accordent de valeur qu'au monde des sens, le considèreront comme le produit d'une fantaisie déréglée. Mais ceux qui cherchent les voies par lesquelles on sort du monde physique, auront tôt fait de comprendre que la vie humaine ne prend de sens et de valeur que lorsque s'ouvre la perception d'un autre monde.

Cette perception nouvelle ne nous éloigne pas du monde « réel » comme d'aucuns le craignent. Seule, au contraire, elle nous donne la confiance et la fermeté nécessaires pour la vie. Elle nous fait découvrir les *Causes*, tandis que, sans elle, nous tâtonnons comme des aveugles dans le monde des *Effets*. Seule la connaissance des vérités suprasensibles confère un sens aux « réalités » sensibles. C'est pourquoi cette connaissance, bien loin de diminuer notre aptitude à la vie, ne peut que l'accroître, car seul celui qui comprend la vie, peut devenir un homme vraiment « pratique ».

L'auteur de ce livre ne décrit rien dont il ne puisse témoigner lui-même, par sa propre expérience, expérience d'un genre particulier, propre aux domaines explorés.

Il ne rend compte que de ce qu'il connaît, par lui-même.

Cet ouvrage ne saurait être lu comme on a coutume de lire les livres de nos jours. Le lecteur devra, par son travail personnel, approfondir le sens de chaque page et même de mainte phrase. L'auteur l'a voulu ainsi, car c'est de cette manière seulement que ce livre atteindra le but qu'il s'est proposé. Qui n'a fait que le parcourir ne l'aura pas lu. Il faut vivre les vérités qu'il renferme. La science spirituelle n'a de valeur qu'à cette condition.

On ne peut pas davantage appliquer à ce livre le critérium de la science courante, à moins de lui avoir emprunté à lui-même le point de vue nécessaire à ce jugement. En ce cas, on ne manquera pas de constater que les conclusions auxquelles il aboutit ne contredisent en rien le véritable esprit scientifique. L'auteur affirme qu'il n'a voulu par aucun mot trahir sa conscience scientifique.

Ceux qui voudraient atteindre par une autre voie aux vérités exposées dans ce livre, la trouveront indiquée dans mon ouvrage *La Philosophie de la Liberté*. Par des méthodes différentes, ces deux ouvrages poursuivent le même but. Ils ne sont nullement nécessaires à l'intelligence l'un de l'autre, bien qu'il soit certainement utile de les lire tous deux.

Ceux qui chercheront dans le présent livre « les vérités dernières » ne seront guère satisfaits. Notre intention a été d'exposer d'abord les *vérités fondamentales* de la science spirituelle.

Certes, il est de la nature de l'homme de vouloir connaître d'emblée le commencement et la fin du monde, le but de l'existence et l'essence de Dieu.

Mais celui qui nourrit son esprit non point de mots et de concepts ne s'adressant qu'à *l'intelligence*, mais de connaissances réelles touchant la *vie*, celui-là sait qu'il *n'a pas le droit* d'exposer dans un ouvrage qui traite des débuts de la connaissance spirituelle, des vérités qui appartiennent à des degrés plus élevés de la Sagesse. Lorsque ces premières notions nous seront devenues familières, alors, seulement, nous saurons comment poser les questions d'ordre plus élevé. On trouvera dans un ouvrage du même auteur qui se rattache à celui-ci, la *Science occulte* (1), des données plus complètes sur le même sujet.

Quelques remarques supplémentaires seront encore utiles.

Quiconque, de nos jours, cherche à décrire des faits suprasensibles, doit être persuadé de deux choses : d'une part que notre époque a *besoin* de cultiver la con-

---

(1) RUDOLF STEINER : *La Science occulte*, traduit de l'allemand par Jules Sauerwein (chez Perrin et Cie).

naissance spirituelle. Mais, d'autre part, que la vie spirituelle actuelle est remplie d'idées et de sensations qui font apparaître cette description aux yeux de bien des personnes comme un tissu de folles et fantastiques rêveries. Notre époque actuelle a besoin de connaissances spirituelles, parce que celles que nous acquérons sur le monde et sur la vie, par les méthodes ordinaires, soulèvent une quantité de questions, auxquelles les vérités suprasensibles peuvent répondre. Il ne faut pas se faire d'illusion, en effet, sur la valeur des données que nous fournit le courant intellectuel moderne, concernant les problèmes fondamentaux de l'existence. Pour l'âme douée de sensibilité profonde, ces données ne constituent pas des réponses, mais bien des questions.

Beaucoup d'entre nous s'imaginent, pendant un certain temps, avoir trouvé la solution des énigmes de l'existence dans les « données de la science exacte » et dans les déductions de maint penseur moderne. Mais si l'âme pénètre jusque dans les profondeurs où l'entraîne forcément une véritable compréhension d'elle-même, alors les faits qui lui sont apparus d'abord comme une solutions ne font plus que soulever la véritable question. Or, répondre à *cette* question-là, ce n'est pas simplement satisfaire une curiosité, c'est donner à l'âme le calme intérieur et le sang-froid. L'homme qui, par ses propres efforts, a trouvé cette réponse, non seulement a satisfait son besoin de connaître, mais s'est rendu

12

apte à travailler et à remplir les devoirs que la vie lui présente. S'il ne trouvait pas de solution à ces problèmes, il se sentirait, au contraire, paralysé ; d'abord moralement, puis même, physiquement. La connaissance des vérités suprasensibles, en effet, ne répond pas seulement à des besoins théoriques, elle favorise la pratique de la vie. Voilà pourquoi, précisément à cause du caractère particulier que revêt de nos jours la vie intellectuelle, il est indispensable que la science spirituelle ait sa place dans le domaine de la connaissance.

D'autre part, il est certain que beaucoup de personnes repoussent actuellement avec violence ce dont elles ont le plus grand besoin. Les opinions érigées sur « la base solide de l'expérience scientifique » exercent sur nombre d'esprits un si grand pouvoir qu'elles les contraignent à considérer comme pure folie le contenu d'un livre tel que celui-ci.

L'auteur qui expose ses expériences suprasensibles ne se fait aucune illusion à ce sujet.

On pourrait être tenté de lui demander des preuves « irréfutables » de ce qu'il avance. Mais l'on ne songerait pas à l'illusion à laquelle on s'abandonnerait en le faisant. Car, sans en avoir conscience, on ne lui demanderait point les preuves inhérentes au sujet, mais celles que l'on désirerait reconnaître, ou celles que l'on se sentirait capable d'estimer.

L'auteur du présent ouvrage affirme que tout ce

qu'il avance peut être accepté par tout homme qui s'appuie sur les données modernes des sciences naturelles. Il sait que l'on peut, à la fois, satisfaire à toutes les exigences de ces sciences et accepter la manière dont les mondes spirituels sont décrits ici. Bien plus, il pense que ceux qui sont familiarisés avec la véritable manière scientifique d'exposer des faits s'y sentiront d'autant plus à l'aise.

Quiconque se rallie à cette manière de voir éprouvera dans mainte discussion la vérité de cette profonde parole de Goethe : « Une doctrine fausse ne se laisse pas réfuter, car elle repose sur la conviction que le faux est vrai ». Il est inutile de discuter avec ceux qui n'acceptent que les preuves qui cadrent avec leur manière de penser. Quand on comprend ce qu'est une « preuve », on sait aussi que l'âme humaine atteint la vérité par d'autres voies que celle de la discussion. C'est dans cet esprit, que ce livre est livré à la publicité.

RUDOLF STEINER.

INTRODUCTION

Lorsqu'en automne de l'année 1813, Johann Gottlieb Fichte exposa sa « doctrine », fruit de toute une vie consacrée au service de la vérité, il prononça, en commençant son discours, les paroles suivantes : « Ma doctrine implique un organe de perception intérieur tout nouveau, par lequel se révèle un monde inconnu à l'homme ordinaire. » Et il montra, dans une comparaison, combien sa doctrine doit apparaître incompréhensible à quiconque veut la juger à l'aide des représentations que suscitent en nous nos sens ordinaires. « Supposez, dit-il, un monde d'aveugles-nés qui ne connaissent des choses et de leurs rapports entre elles que ce que le sens du toucher leur permet d'en percevoir. Introduisez-vous parmi eux et parlez-leur des couleurs et de tous les phénomènes que produit la lumière et que ne perçoivent que les yeux. Il arrivera de deux choses l'une : ou bien vos paroles ne représenteront rien aux aveugles, et c'est ce qui peut vous arriver de plus heureux, car vous ne tarderez pas à vous apercevoir de votre erreur et, à moins qu'il ne vous soit possible de leur ouvrir les yeux, vous interromprez vos vains discours »... etc.

Or, celui qui veut parler aux hommes des choses

auxquelles Fichte fait ici allusion, joue trop souvent le rôle du voyant parmi les aveugles-nés. Cependant ces choses concernent la nature véritable de l'être humain et son but suprême. Et il faudrait désespérer de l'humanité si l'on devait se croire tenu « d'interrompre ses vains discours ». Il ne faut pas douter un seul instant, au contraire, de la possibilité « d'ouvrir les yeux » à toute personne de bonne volonté, afin de lui permettre de voir les choses dont parle Fichte. Tous ceux qui ont senti que s'était développé en eux « l'organe de perception intérieur » qui leur révélait la nature véritable de l'homme cachée aux sens extérieurs, ont basé leurs écrits et leurs paroles sur la croyance en cette possibilité.

Voilà pourquoi dès la plus haute antiquité on a parlé d'une « science secrète ». Ceux qui connaissent cette science sont aussi sûrs de ce qu'ils possèdent, que ceux qui ont des yeux bien développés sont sûrs de posséder des perceptions visuelles. La science secrète n'a pas besoin pour eux de « preuves ». Et ils savent que les personnes qui ont, comme eux, développé le « sens supérieur », n'en demandent pas non plus. Ils peuvent leur parler comme un voyageur parlerait de l'Amérique à des personnes qui n'ont pas elles-mêmes visité ce pays, mais qui peuvent se le représenter, parce qu'elles y verraient tout ce que leur rapporte le narrateur, si l'occasion s'en présentait.

Mais l'observateur des mondes suprasensibles ne

doit pas parler aux seuls explorateurs de ces mondes. Ses paroles s'adressent à tous les hommes. Car les choses qu'il rapporte les concernent tous : bien plus, il sait que sans la connaissance de ces choses nul n'est « homme » au vrai sens du mot. Et il s'adresse à tous les hommes, parce qu'il se rend compte qu'il existe plusieurs degrés dans la compréhension de ce qu'il enseigne. Il sait que même ceux qui sont encore loin de l'heure où l'investigation spirituelle leur sera permise, peuvent le comprendre. Car il est donné à *tout homme de sentir* et de *comprendre* la vérité. Et c'est à cette faculté de compréhension propre à toute âme saine qu'il s'adresse tout d'abord. Il sait aussi qu'en cette compréhension gît une force qui, peu à peu, entraînera l'homme à des degrés supérieurs de connaissance. Le sentiment de la vérité est, en effet, le magicien qui ouvre « l'œil de l'esprit » même à ceux qui, au début, ne voyaient *rien* de ce dont on leur parle. Ce sentiment agit dans l'ombre ; l'âme ne *voit* pas, mais, grâce à lui, la *puissance de la vérité* s'empare d'elle, et, peu à peu, en la pénétrant, éveille en elle le « sens supérieur ».

Selon les individus, il faut plus ou moins de temps pour atteindre ce but ; quiconque est doué de patience, l'atteindra sûrement. Car, si tous les aveugles-nés physiques ne peuvent pas être opérés, *tout œil spirituel* peut être ouvert, il n'y a là qu'une question de temps.

L'érudition et la culture scientifique ne sont pas des

conditions nécessaires au développement de ce « sens supérieur ». L'homme inculte peut y atteindre aussi bien que le savant. Ce que, de nos jours, on a l'habitude d'appeler la « science pure » peut même souvent être gênante. Car cette science n'accorde tout naturellement de « réalité » qu'aux objets accessibles aux sens ordinaires. Et si grands que soient les services qu'elle rend à la connaissance de cette réalité, elle crée une quantité de préjugés qui ferment l'accès des réalités d'ordre supérieur, quand elle veut appliquer à tout savoir humain, quelle qu'en soit la nature, des mesures qui ne sont nécessaires et bienfaisantes que dans *son* domaine particulier.

A tout ce que je viens de dire on oppose souvent qu'il existe pour la connaissance humaine des « limites infranchissables » et, qu'en conséquence, toute donnée qui ne respecterait pas ces « limites » doit être repoussée. On considère comme un insensé l'homme qui prétend affirmer certaines connaissances concernant des choses que la majorité considère comme en dehors des limites imposées à l'intelligence humaine. Mais on oublie que la connaissance supérieure présuppose le *développement* de la puissance cognitive de l'homme. En sorte que des objets, qui se trouvaient auparavant en dehors des limites de la connaissance, entrent dans ces limites, lorsque s'éveillent certaines facultés qui sommeillent en chacun de nous.

Un point est essentiel : à quoi sert, pourrait-on nous demander, de parler aux hommes de vérités qu'ils sont encore incapables de saisir par eux-mêmes, qui, par conséquent, leur demeurent étrangères ? Ce n'est point ainsi qu'il faut considérer la question. Certaines facultés sont indispensables à la *découverte* de ces vérités supérieures ; mais tout homme auquel elles sont *communiquées* peut les comprendre, pourvu qu'il fasse usage d'une logique impartiale et d'un sentiment absolu de la vérité. Ce livre ne traitera d'aucune chose qui ne puisse donner l'impression, à celui qui l'accueille sans préjugé intellectuel et avec un libre sentiment de la vérité, qu'elle répond de façon satisfaisante aux énigmes de la vie humaine et de l'univers. La question qui se pose est celle-ci : si les choses qu'avance ce livre étaient vraies, la vie y trouverait-elle une explication satisfaisante ? Vous verrez que la *vie* confirmera pour chacun de vous, la véracité des enseignements donnés.

N'allez pas croire qu'il suffise que le sens supérieur se soit ouvert chez un homme pour qu'il acquiert la maîtrise dans ces domaines élevés. Pour cela il faut de la « science » au même titre que lorsqu'il s'agit du domaine des réalités ordinaires. Pas plus qu'on n'est un « savant » parce qu'on possède des sens bien développés, on n'est un « sage » parce qu'on a atteint la « vision » supérieure. Et puisque, en vérité, *toute* réalité, que ce soit la réalité inférieure ou la réalité spirituelle supérieure, n'est qu'un des côtés différents d'une seule et même entité fondamentale, l'homme ignorant en ce qui concerne les connaissances inférieures, le restera généralement aussi, lorsqu'il s'agira de connaissances plus hautes.

Ce fait éveille chez l'homme qui se sent appelé par une vocation spirituelle à se prononcer sur les domaines élevés de l'existence, un sentiment de responsabilité sans bornes. Il lui impose la modestie et la réserve. Mais il ne doit empêcher personne de s'occuper des vérités supérieures, pas même celui auquel la vie ne permet pas de s'instruire dans les sciences ordinaires. Car on peut accomplir parfaitement son devoir d'homme sans rien comprendre à la Botanique, à la Zoologie, aux Mathématiques, ou à toute autre science. Par contre, on ne peut pas être « homme » au sens complet du mot, sans avoir pénétré d'une façon quelconque l'essence et la destinée de l'homme que nous dévoile la science spirituelle.

L'homme qualifie de « divin » l'idéal le plus haut vers lequel il puisse lever les yeux. Et il sent que sa destinée suprême doit, en quelque manière, être liée à cette divinité. C'est pourquoi nous sommes en droit d'appeler « Sagesse divine » ou « *Théosophie* » cette sagesse qui, dépassant le monde des sens, révèle à l'homme son essence et sa destinée. On peut appeler *science spirituelle* l'étude des phénomènes spirituels qui se passent dans la vie humaine et dans l'univers.

Dans ce livre nous avons réuni les données qui ont trait particulièrement au noyau spirituel de l'être humain : c'est pourquoi le nom de théosophie lui convient, ayant été depuis des siècles employé dans ce sens.

C'est dans l'esprit que nous venons d'indiquer, que nous donnerons ici l'esquisse d'une conception théosophique de l'Univers.

L'auteur n'expose rien qui ne soit pour lui un *fait*, dans le même sens où un phénomène du monde extérieur est un fait pour les yeux, les oreilles et l'entendement ordinaire. N'a-t-on pas affaire ici à des expériences accessibles à toute personne résolue à suivre la voie désignée dans un chapitre particulier de cet ouvrage sous le nom de « Sentier de la connaissance » ? Le point de vue qui sied aux choses du monde spirituel est celui qui accorde à l'intelligence et au sentiment normalement développés, la capacité de saisir tout enseignement réel découlant des mondes supérieurs. Il admet qu'en prenant pour point de départ cette intelligence et ce sentiment des choses, on peut faire un pas important vers le développement de la vision personnelle, bien qu'il faille encore autre chose pour l'atteindre. C'est fermer la porte à la véritable connaissance supérieure que de mépriser cette voie et de ne chercher que par d'autres moyens l'accès des mondes spirituels. Avoir pour principe de n'admettre l'existence de ces mondes qu'après

les avoir vus, c'est entraver cette vision même. Vouloir
d'abord comprendre par la pensée saine ce que plus
tard on observera, c'est favoriser la vision. C'est provoquer, comme par enchantement, l'apparition de
forces essentielles à l'âme, qui méneront celle-ci à la
« vision du voyant ».

LA NATURE DE L'HOMME

Les paroles suivantes caractérisent en termes heureux le point de départ de l'une des voies par lesquelles nous pouvons parvenir à la connaissance de la nature humaine.

« Dès lors que l'homme prend conscience des objets qui l'entourent, il les considère par rapport à lui-même ; et il a raison, car toute sa destinée dépend de l'impression favorable ou défavorable qu'ils font sur lui, de l'attrait qu'il trouve à ces objets, ou de la répulsion que ceux-ci lui inspirent, de l'utilité qu'ils peuvent avoir pour lui ou du dommage qu'ils peuvent lui causer. Cette manière toute naturelle de considérer les choses et de les estimer paraît être aussi facile qu'elle est nécessaire, et, pourtant, elle expose l'homme à mille erreurs qui, souvent, le remplissent de confusion et d'amertume.

« Une tâche beaucoup plus lourde est assumée par ceux qui, dans leur avidité de connaître, cherchent à observer les choses de la nature en elles-mêmes et dans leurs rapports entre elles ; car bientôt ils perdent les points de comparaison dont ils s'aidaient quand ils considéraient les choses par rapport à eux-mêmes, êtres humains. Il leur manque ce critérium représenté par l'impression favorable ou défavorable, par l'attrait ou la répulsion, par l'utilité ou le dommage que leur causaient les choses, ils doivent y renoncer complètement ; comme des êtres indifférents aux choses et pour ainsi dire divins, ils doivent rechercher et observer ce qui est et non ce qui leur plaît. C'est ainsi que le vrai botaniste ne doit être touché ni par la beauté, ni par l'utilité des plantes; il doit examiner leur structure, leurs rapports avec l'ensemble du règne végétal ; et, de même que le soleil luit sur toutes les plantes et les fait éclore, de même le botaniste doit les considérer et les envelopper toutes d'un même regard calme et tirer, non de lui-même, mais du milieu des objets qu'il observe les données de son jugement, les mesures de sa connaissance. »

Cette pensée de Goethe attire notre attention sur trois points. En premier lieu, sur les objets eux-mêmes dont l'existence nous est continuellement révélée par nos sens, objets que nous touchons, que nous sentons, goûtons, entendons et voyons. En second lieu, sur les impressions que ces objets font sur nous, sur le plaisir ou le déplaisir, sur le désir ou l'aversion qu'il nous inspirent et qui se manifestent par le caractère agréable ou désagréable, utile ou nuisible que nous leur attribuons. Et, en troisième lieu, sur les connaissances que nous acquérons en tant qu'êtres « pour ainsi dire divins » sur la nature de ces objets, sur les mystères de leur existence et de leur activité. Les trois domaines auxquels font allusion les paroles de Gœthe se distinguent nettement dans la vie humaine. Et l'homme se rend compte qu'il se rattache au monde de trois manières différentes. La première manière lui est innée, c'est celle qui lui fait accepter le monde comme une donnée immédiate de ses sens. La seconde manière est celle qui lui fait accorder une signification aux choses par rapport à lui. Et la troisième est celle qui représente le but vers lequel il doit tendre sans cesse.

Pourquoi le monde revêt-il pour l'homme ces trois aspects? Le plus simple examen peut nous l'apprendre. Je traverse une prairie parsemée de fleurs. Les fleurs révèlent leurs couleurs à mes yeux. C'est là la [donnée du monde que j'accepte. Je trouve plaisir à la magnificence de ces couleurs. Je m'approprie ainsi la donnée. Par mes sentiments, je rattache les fleurs à ma propre existence. Après un an, je repasse par la même prairie. D'autres fleurs y poussent. Une joie nouvelle m'est donnée par elles. Elle réveillera le souvenir de la joie que j'éprouvais il y a un an. Celle-ci demeure en moi, l'objet qui la fit naître n'est plus. Mais les fleurs que je vois actuellement sont de la même nature que celles de l'an passé, les mêmes lois ont présidé à leur croissance. Que je me sois instruit sur cette nature et sur ces lois, et je les retrouverai dans les fleurs de cette année, comme je les ai trouvées dans celles de la saison dernière. Les fleurs de l'an dernier ont disparu, me dirai-je, la joie qu'elles m'ont communiquée ne demeure que dans mon souvenir, elle n'est plus liée qu'à *mon* existence. Mais la nature de ces fleurs et les lois que j'ai reconnues en elles l'an passé et que je retrouve à présent, celles-là demeureront tant que pousseront des fleurs pareilles. Cette nature et ces lois se sont révélées à moi, mais elles ne dépendent nullement de mon existence, comme en dépend ma joie. Le sentiment demeure *en moi;* les lois, *l'essence* des fleurs résident en dehors de moi, dans le monde.

Voilà comment l'homme se met constamment en rapport avec le monde de trois manières. Ne cherchons pas pour le moment à interpréter ce fait, acceptons le simplement tel qu'il se présente à nous. Il en résulte que *la nature humaine a trois côtés.* Et ce sont ces trois côtés que, jusqu'à nouvel ordre, nous désignerons ici sous les noms de *corps, âme* et *esprit.* Toute idée préconçue ou même toute hypothèse dont on voudrait les charger ne ferait que nuire à l'intelligence de ce qui va suivre.

Par *corps* nous entendons ce par quoi les choses du monde environnant se révèlent à l'homme ; telles, dans l'exemple qui précède, les fleurs de la prairie.

Par *âme*, ce par quoi l'homme rattache les choses à sa propre existence, ce par quoi il éprouve du plaisir ou de la peine, de l'attrait ou de la répulsion à l'égard de ces choses.

Par *esprit*, nous entendons ce qui se révèle à lui quand, selon la parole de Gœthe, il contemple les choses — « comme un être en quelque sorte divin ». — C'est dans ce sens que l'homme se compose du *corps*, de *l'âme* et de *l'esprit*.

Par le moyen de son corps, l'homme peut, immédiatement se mettre en rapport avec les choses ; grâce à son âme, il conserve en soi les impressions qu'elles lui ont faites ; et dans son esprit se révèle à lui l'élément durable, inhérent aux choses elles-mêmes. On ne peut espérer comprendre l'homme qu'en le considérant sous ces trois côtés. car ils le montrent en relation avec le reste du monde de trois manières différentes.

Son corps le met en relation avec les objets qui s'offrent du dehors à ses sens. Les substances du monde extérieur composent ce corps ; les forces du monde extérieur agissent sur lui. Il peut observer sa propre existence corporelle au moyen de ses sens, exactement comme il observe les objets du monde extérieur. Mais il lui serait impossible de considérer de la même manière l'existence de l'âme. Tous les phénomènes physiques qui se passent en moi, peuvent être observés par les sens physiques. Mon plaisir ou ma peine, ma joie ou ma douleur, ne peuvent être perçus ni par moi, ni par un autre, au moyen des sens physiques. La vie de l'âme est un domaine inaccessible à la perception sensible. L'existence physique de l'homme est manifeste aux yeux de tous, mais la vie de l'âme est un domaine qui n'appartient *qu'à lui*.

Par l'esprit, enfin, le monde extérieur lui est révélé d'une manière plus haute. Les mystères du monde se dévoilent en lui, il est vrai, mais par l'esprit il se dépasse lui-même, et il laisse les choses parler leur propre langage, lui apprendre ce qui a, *pour elles*, et non pour lui, une signification.

Nous levons les yeux vers le ciel étoilé : le ravissement qu'éprouve notre âme fait partie de nous-même ; les lois éternelles des étoiles que notre pensée, que notre *esprit* saisissent ne nous appartiennent point, elles appartiennent aux astres.

L'homme est donc citoyen de *trois mondes*. Par son *corps*, il appartient au monde que son corps perçoit ; par son *âme*, il édifie son propre monde ; par son *esprit*, se révèle à lui un monde supérieur aux deux autres.

Il nous paraît évident que, étant données les différences fondamentales qui existent entre ces trois mondes, nous devrons leur appliquer trois modes distincts d'observation, qui nous permettront de les connaître et de saisir la part que l'homme prend à leur existence.

I. — LA NATURE PHYSIQUE DE L'HOMME

Par les sens physiques on connaît le corps de l'homme ; et le mode d'observation qui lui est propre ne saurait être différent de celui que nous appliquons à tout autre objet sensible. On peut considérer l'homme, comme on considère les minéraux, les végétaux, les animaux. Il est apparenté à ces trois formes d'existence. Comme le minéral, il édifie son corps de substances empruntées à la nature ; comme la plante, il croît et se reproduit ; comme l'animal, il perçoit les objets qui l'entourent et, avec les impressions qu'ils produisent sur lui, il construit sa vie intérieure. On est donc en droit de reconnaître à l'homme une existence minérale, une existence végétale et une existence animale.

La diversité de structure que présentent les minéraux, les plantes et les animaux correspond à ces trois modes d'existence. Et on n'est en droit d'appeler corps que cette structure, cette forme que les sens perçoivent. Or, le corps de l'homme diffère de celui de l'animal. Chacun doit reconnaître cette différence, quelque opinion qu'il puisse professer par ailleurs sur la parenté de l'homme avec l'animal. Même le matérialiste le plus absolu qui nie l'existence de toute âme, est tenu de souscrire à cette phrase de Carus dans son ouvrage : *L'Organe de la Nature et de l'Esprit* :

« La structure intime et délicate du système nerveux et particulièrement celle du cerveau, demeure, il est vrai, pour le physiologiste et l'anatomiste, une énigme irrésolue ; mais il est un fait tout à fait établi, c'est que la concentration de ces structures s'accroît de plus en plus dans l'animalité pour atteindre chez l'homme un degré qu'elle ne possède chez aucun autre être ; ce fait est de la plus haute importance pour le développement intellectuel de l'homme, on peut même affirmer qu'il suffit à l'expliquer. Quand le cerveau ne s'est pas convenablement développé, quand il est resté petit et chétif, comme chez le microcéphale et l'idiot, il est de toute évidence qu'il ne saurait pas plus être question de production d'idées personnelles et de connaissance, qu'il ne saurait être question de propagation de l'espèce chez des personnes dont les organes de reproduction sont atrophiés. En revanche, la structure harmonieuse et forte du corps entier et en particulier du cerveau ne peut évidemment pas tenir lieu de génie, mais elle est, en tous les cas, la condition primordiale et indispensable à l'élaboration d'une connaissance supérieure ».

De même que l'on reconnaît au corps humain les trois modes d'existence, minéral, végétal et animal, il faut lui en accorder encore un quatrième qui est le mode spécifiquement *humain*. Par le mode minéral de son existence l'homme est apparenté à tout le monde visible, par le mode végétal, à tous les êtres qui croissent et se reproduisent, par le mode animal à tous ceux qui perçoivent leur entourage et qui développent une vie intérieure sur la base des impressions extérieures ; par le mode humain de son existence, l'homme forme déjà, même au point de vue du corps, un règne à part.

Constituant un monde intérieur *particulier*, la nature psychique de l'homme diffère de sa nature physique. Son caractère spécial nous apparaît dès que nous considérons la sensation, même la plus élémentaire. Nul ne saurait dire, de prime abord, si un autre a exactement la même sensation que lui. Le daltonisme est un fait connu. Aux personnes qui en sont atteintes, les objets n'apparaissent colorés qu'en différentes nuances de gris. D'autres ne sont aveugles qu'à certaines couleurs. L'image du monde que leursyeux leur donnent est différente de celle que perçoivent les hommes dont la vue est considérée comme normale. On peut en dire à peu près autant des autres sens. Sans aller plus loin, nous pouvons conclure de ce qui précède que la plus simple des sensations appartient déjà au monde intérieur. Par mes sens physiques, je peux percevoir la table rouge que perçoit également un autre homme; mais je ne peux pas percevoir la sensation du rouge qu'a cet autre homme.

Par conséquent il faut considérer les sensations comme des phénomènes psychiques. Qu'on saisisse ce fait dans toute son évidence et l'on cessera bientôt de considérer les expériences intérieures comme des phénomènes *uniquement* cérébraux. A la sensation se rattache en premier lieu le *sentiment*. Parmi nos sensations, les unes nous causent du plaisir, les autres de la peine. Ce sont là des modifications de notre vie intérieure. Nous édifions, avec nos sentiments, un second monde qui vient s'ajouter au monde extérieur, lequel agit sur nous du dehors. Un troisième facteur intervient, c'est la volonté. Par la volonté nous réagissons sur le monde extérieur. Et nous impressionnons ainsi le monde extérieur par notre être intérieur. L'âme humaine se déverse en quelque sorte vers l'extérieur par ses actes volontaires. Les actes de l'homme se distinguent des phénomènes de la nature en ce qu'ils portent l'empreinte de sa vie intérieure. Ainsi l'âme est, en face de la nature, le propre de l'homme. Il reçoit du dehors les excitations; mais, conformément à celles-ci, il construit en lui-même un monde qui lui est *propre*. Sur la base du corps s'édifie donc la vie de l'âme.

La vie psychique de l'homme n'est pas uniquement déterminée par le corps. Nous ne courons pas, sans but, ni direction, d'une sensation à l'autre ; nous n'agissons pas non plus sous l'impulsion d'une excitation quelconque provenant de notre corps ou du monde extérieur. Nous *réfléchissons* sur nos perceptions et sur nos actions. Ainsi, nous acquérons des connaissances sur les objets de nos perceptions, et nous apportons de la logique dans notre vie. Nous savons que nous n'accomplirons dignement notre devoir d'homme que si notre connaissance et nos actes sont guidés par des *pensées justes*. Notre âme se trouve donc placée entre deux nécessités. Elle est déterminée par les lois du corps, c'est là une nécessité que lui impose la nature. Elle se laisse déterminer par les lois logiques qui la conduisent à bien penser, parce qu'elle en reconnaît elle-même la nécessité. L'homme est soumis par la nature aux lois d'assimilation et de désassimilation ; il se soumet lui-même aux lois de la pensée. Il se rattache ainsi à un ordre supérieur à celui de la nature auquel l'astreint son corps : c'est *l'ordre de l'esprit*. Autant la vie du corps diffère de celle de l'âme, autant celle-ci diffère de la vie de l'esprit. Tant qu'on ne parle que des particules de carbone, d'hydrogène, d'azote et d'oxygène qui entrent dans la composition du corps, on n'envisage pas l'âme. La vie de l'âme ne commence que lorsque, à ces mouvements moléculaires, s'ajoute la sensation : je goûte une saveur sucrée, j'éprouve un plaisir. De même, on n'atteint pas *l'esprit* tant qu'on ne considère que les impressions psychiques que nous éprouvons lorsque nous nous abandonnons complètement au monde extérieur et à la vie de notre corps. Cette vie psychique constitue bien plutôt la base de la vie spirituelle, comme la vie du corps est la base de la vie de l'âme. Le savant naturaliste s'occupe du corps, le psychologue de l'âme et l'investigateur spirituel de *l'esprit*.

Il faut exiger de toute personne qui veut arriver à comprendre par la pensée la nature humaine, qu'elle étudie sa propre personnalité, afin d'y distinguer clairement le corps, l'âme et l'esprit.

IV. — LE CORPS, L'AME ET L'ESPRIT

Nous ne nous ferons une idée exacte de notre propre nature que si nous nous rendons compte du rôle qu'y joue la *pensée*. Le cerveau en est l'instrument physique. De même qu'il faut un œil bien constitué pour voir les couleurs, il faut à la pensée un cerveau bien conformé. Le corps humain est ainsi construit qu'il trouve son couronnement dans l'organe de l'esprit, le cerveau. On ne comprend la structure du cerveau de l'homme, que si on le considère au point de vue de sa tâche, qui est de servir de base physique à l'esprit pensant. L'étude comparée du règne animal fait ressortir clairement cette destination. Chez les amphibies, le cerveau est encore petit en comparaison de la moelle épinière ; il grandit chez les mammifères. Chez l'homme, c'est l'organe relativement le plus grand de tout l'organisme.

Beaucoup de préjugés s'opposent au point de vue que nous avons adopté ici concernant *la Pensée*. Bien des personnes sont portées à déprécier la pensée et à lui préférer « la vie intime du sentiment, de la sensation ». On va même jusqu'à dire que ce n'est pas par la « froide pensée », mais par la chaleur du sentiment, par le pouvoir immédiat de la sensation qu'on s'élève aux connaissances supérieures. Ceux qui parlent ainsi craignent d'émousser leurs sentiments par la pensée claire. Ils ont raison s'ils ne considèrent que la pensée courante, celle qui s'applique aux objets d'utilité pratique. Mais le contraire est vrai, lorsqu'il s'agit des pensées qui nous entraînent vers des régions supérieures de l'existence. Aucun sentiment, aucun enthousiasme ne saurait égaler les sensations de chaleur, de beauté et de grandeur qu'éveillent en nous les pensées pures, cristallines que nous dirigeons vers les mondes supérieurs. Les sentiments les plus hauts ne sont pas ceux qui naissent « d'eux-mêmes », mais ceux que l'on conquiert par le travail énergique de la pensée.

Le corps humain est construit en vue de la pensée. Les substances et les forces du règne minéral se retrouvent en lui, mais elles sont disposées de manière à permettre la manifestation de la pensée. Nous appellerons le corps minéral, dont la structure répond à ce but déterminé, le *corps physique* de l'homme. Le corps minéral, qui trouve son couronnement dans le cerveau, doit son existence à la génération et atteint son plein développement par la *croissance*.

La génération et la croissance sont communes à l'homme, à la plante et à l'animal ; elles différencient l'être vivant du minéral inerte. L'être vivant naît de l'être vivant par le germe, une lignée vivante rattache le descendant à l'ancêtre ; tandis que les forces qui provoquent la naissance d'un minéral s'exercent sur les substances qui le composent.

Le cristal de roche doit son existence aux forces inhérentes au silice et à l'oxygène qui se combinent en lui. Par contre, il nous faudra remonter par le germe aux organismes paternel et maternel pour trouver les forces qui édifient un chêne. Et la forme du chêne se transmet par la génération de l'ascendant au descendant. Nous nous trouvons ici en face de conditions *innées, inhérentes* à la plante. C'était une conception grossière que celle qui admettait que les animaux inférieurs et même les poissons pussent se former du limon de la terre. La forme de l'être vivant se transmet par *hérédité*. Le développement que poursuit un organisme vivant, dépend entièrement des organismes dont il est issu, autrement dit, *de l'espèce* à laquelle il appartient. Les substances qui le composent changent constamment, mais il conserve durant toute son existence les caractères de son espèce et il les transmet à ses descendants. C'est donc *l'espèce* qui détermine la combinaison des substances. Nous appellerons *force vitale* la force qui détermine l'espèce. De même que les forces minérales s'expriment dans les cristaux, de même la force vitale constructrice s'exprime dans les espèces ou formes de la vie animale ou de la vie végétale.

Nous percevons les forces minérales par le moyen de nos sens. Et nous ne percevons que les objets auxquels

nos sens s'appliquent. Sans œil, nous ne percé-
^rions pas la lumière et sans oreille le son. Des sens
possédés par l'homme, les organismes inférieures n'ont
que celui du toucher. Ils ne perçoivent, à la manière
des hommes, que les forces minérales qui sont accessibles
au toucher. Le monde s'enrichit pour les organismes
animaux supérieurs dans la mesure où se développent
chez eux les autres sens. Il dépend donc des organes que
possède un être vivant que le monde existant en dehors
de lui existe également pour lui, en tant que perception
et que sensation. Un certain mouvement de l'air se
traduit chez l'homme en sensation auditive.

Nous ne percevons pas par nos sens ordinaires les
manifestations de la force vitale. Nous *voyons* les couleurs de la plante, nous *sentons* son parfum, la force
vitale reste cachée à ce genre d'observation. Nous ne
pouvons nier la force vitale parce que nos sens ne la perçoivent pas, pas plus que l'aveugle n'est en droit de nier
les couleurs qu'il ne peut voir. Les couleurs existent
pour l'aveugle dès qu'il a été opéré ; de même outre les
individus, les diverses *espèces* animales ou végétales que
crée la force vitale, nous deviennent perceptibles,
quand l'organe approprié s'ouvre en nous. Un monde
tout nouveau se découvre alors. Nous percevons, outre
les couleurs, les parfums, etc., des êtres vivants,
la vie même qui les anime. Dans chaque plante, dans
chaque animal nous voyons, en plus de la forme

physique, *la forme spirituelle remplie de vie*. Nous appellerons celle-ci le Corps Ethérique ou Corps Vital (1).

Voici comment la chose se présente à l'investigateur de la vie spirituelle. Le corps éthérique n'est pas pour lui le simple produit des substances et des forces du corps physique, c'est un véritable corps indépendant et c'est lui, au contraire, qui donne la vie aux substances et aux forces physiques. Nous plaçant au point de vue de la science spirituelle, nous dirons : un corps exclusivement physique, un cristal par exemple, doit sa structure aux forces constructrices physiques inhérentes aux substances inertes ; un corps vivant ne doit pas sa forme à *ces forces-là*, car dès l'instant où la vie lui échappe et où il est abandonné aux seules forces physiques, il tombe en décomposition. Le corps vital est une entité qui, durant

---

(1) Longtemps après la rédaction de cet ouvrage, l'auteur donna au corps éthérique ou vital le nom de « Corps des forces constructrices ». Il y fut amené par le sentiment qu'on ne pourra jamais assez faire pour éviter la confusion qui se produit entre ce que nous appelons le corps éthérique et ce que l'ancienne science naturelle appelait « force vitale ». Dans un certain sens, l'auteur s'accorde avec les savants modernes qui rejettent cette vieille conception d'après laquelle on prétendait expliquer la façon particulière dont les forces inorganiques agissent au sein de l'organisme. Or, elles n'agissent pas autrement en lui que dans le monde inorganique. Les lois de la nature inorganique s'appliquent de la même manière à l'organisme qu'au cristal, par exemple. Mais il y a dans l'organisme quelque chose qui n'existe pas dans l'inorganique : c'est la vie formatrice. Celle-ci dépend du corps éthérique ou corps des forces constructrices. Admettre son existence ne saurait nullement nuire à la tâche toute justifiée que s'est imposée la science naturelle : celle-ci étudie dans l'organisme l'action des forces qu'elle observe dans la nature inorganique et refuse d'admettre que ces forces-là soient modifiées par une force vitale quelconque.

la vie, préserve à chaque instant le corps physique de la décomposition. Pour voir ce corps vital, pour le percevoir chez un autre être, il faut que l'œil *spirituel* soit éveillé. On peut admettre l'existence de ce corps pour des raisons logiques, on peut le *voir* avec l'œil spirituel, comme on voit la couleur avec l'œil physique. Qu'on ne se formalise pas du terme « corps éthérique ». Le mot d' « éther » désigne ici autre chose que l'éther hypothétique de la physique. Qu'on ne donne au terme de « corps éthérique » que le sens que nous lui attribuons. De même que le corps physique, le corps éthérique de l'homme porte dans sa structure l'empreinte de la tâche qui lui est dévolue. On ne le comprend, lui non plus, qu'en regard de l'esprit pensant. C'est par la dépendance où il se trouve de celui-ci, que le corps éthérique de l'homme diffère de celui des animaux et des plantes. Or, de même que l'homme appartient au monde minéral par son corps physique, il appartient au monde vital par son corps éthérique. Après la mort, le corps physique se dissout dans le monde minéral, et le corps éthérique dans le monde vital. Nous appelons « corps », ce qui donne sa « forme » à un être, à quelque espèce qu'il appartienne. Il ne faut pas limiter l'expression de « corps » à la forme du corps sensible. Dans le sens que nous lui donnons dans cet ouvrage, ce terme s'applique aussi bien aux formes psychiques ou spirituelles.

Le corps éthérique est encore quelque chose d'extérieur à l'homme. Dès que naît la sensation, c'est l'être intérieur lui-même qui répond aux excitations du dehors. Si loin qu'on puisse poursuivre ce que l'on est en droit d'appeler le monde extérieur, on ne trouve nulle part la sensation. Le rayon lumineux pénétre dans l'œil, il s'y propage jusqu'à la rétine. Là, il provoque des phénomènes chimiques (dans ce qu'on appelle le pourpre rétinien). L'effet de l'excitation se continue par le nerf optique jusqu'au cerveau ; là se produisent de nouveaux phénomènes physiques. S'il était possible de les observer, on les verrait pareils à tout autre phénomène physique se déroulant en un point quelconque du monde extérieur. Lorsqu'on est capable d'observer le corps éthérique, on constate que le processus cérébral physique s'accompagne d'un processus vital. Mais on ne trouve pas là encore la sensation de couleur qu'éprouve celui dont l'œil reçoit le rayon lumineux. Cette sensation naît dar l'âme, et l'être qui ne se composerait que d'un corps physique et d'un corps éthérique l'ignorerait toujours. L'activité qui donne naissance à la sensation se distingue essentiellement de celle de la force vitale constructrice. Elle fait jaillir de celle-ci une expérience intérieure. Sans elle, il n'y aurait jamais qu'un simple phénomène vital, comme celui qu'on observe chez la plante. Considérons un homme qui reçoit de toutes parts des impressions. Nous devons nous le représenter, en même temps, comme la source d'une activité qui répond à toutes les impressions par des sensations. Or, le centre de cette activité, nous l'appelons *l'âme sensible*. Elle a autant de réalité que le corps physique. Si, considérant un être humain, je fais abstraction de son âme sensible pour ne prêter attention qu'à son corps physique, c'est exactement comme si devant un tableau je ne considérais que la toile. Les remarques que nous avons faites, concernant la perception du corps éthérique, s'appliquent également à celle de l'âme sensible. Les organes physiques sont « aveugles » à l'égard de celle-ci. Et l'organe qui perçoit la vie proprement dite ne la voit pas davantage.

Mais il existe un organe encore supérieur pour lequel le monde intérieur devient l'objet d'une perception suprasensible. Grâce à lui, nous n'éprouvons plus seulement les impressions des mondes physique et vital, nous *voyons* les sensations. Le monde des sensations d'un autre homme nous devient une réalité objective.

Ne confondons pas la vie de nos propres sensations avec la vision des sensations d'un autre. Il est évident que chacun de nous peut pénétrer le monde de ses propres sensations ; mais seul *le voyant*, dont *l'œil spirituel* est ouvert, peut *contempler* le monde des sensations d'un autre homme.

Lorsque l'on n'est pas voyant, on ne connaît le monde des sensations qu'en tant qu'expérience « intérieure » ;

quand l'œil spirituel s'est ouvert, le monde caché à l'« intérieur » d'un autre homme se dévoile au regard spirituel objectif.

*
* *

Afin d'éviter toute confusion, qu'il soit bien établi que le voyant n'éprouve pas lui-même les sensations qui forment la vie intérieure d'un autre être. Tandis que celui-ci éprouve en lui-même les sensations, le voyant en perçoit la manifestation, l'expression.

L'âme sensible dépend du corps éthérique au point de vue de son action. C'est de lui qu'elle tire les éléments des sensations qu'elle fait éclore. Et, comme le corps éthérique représente la vie même du corps physique, l'âme sensible dépend aussi, indirectement, de ce dernier. La sensation exacte des couleurs n'est possible que lorsque l'œil vivant est bien constitué.

Voilà comment le corps influence *l'âme* sensible dont il détermine et limite l'activité. Le *corps* est donc édifié à l'aide des substances minérales, il est animé par le corps éthérique et il limite lui-même l'âme sensible. Le voyant, qui possède l'organe nécessaire à la perception de l'âme sensible, peut le constater. Mais les limites de l'âme sensible ne coïncident pas avec celles du corps physique ; l'âme déborde sur le corps. Elle est donc plus puissante que lui. Cependant, la force qui la limite est issue du corps physique.

De ce fait, un nouvel élément de l'être humain s'insère entre le corps physique et le corps éthérique d'une part et l'âme sensible d'autre part ; c'est le *corps animique* ou corps sensible. On peut dire aussi qu'une partie du corps éthérique est plus fine que l'autre et qu'elle forme une unité avec *l'âme sensible*, tandis que la partie la plus grossière forme une sorte d'unité avec le corps physique. Cependant l'âme sensible déborde sur le corps sensible. Ce que nous appelons sensation n'est qu'un des éléments de la vie de l'âme. (Nous avons choisi le terme « d'âme sensible » dans un but de simplification). Aux sensations s'ajoutent les sentiments de plaisir et de peine, les instincts, les passions. Ils ont tous le même caractère personnel que les sensations et dépendent comme elles, du corps.

*
* *

Si, d'une part, des rapports existent entre l'âme sensible et le corps, il en existe aussi entre elle et la pensée, l'esprit. Tout d'abord, la pensée la sert. Nous réfléchissons sur nos sensations et nous nous éclairons ainsi sur le monde extérieur. L'enfant qui s'est brûlé réfléchit et en lui naît la pensée que le feu brûle. Nous n'obéissons pas aveuglément à nos instincts, à nos passions, par la réflexion nous cherchons le moyen de les satisfaire.

C'est ainsi que se développe notre civilisation matérielle. Elle est due aux services que la pensée rend à l'âme sensible. Une force mentale incalculable se dépense dans ce but. C'est elle qui construit les bateaux, le chemin de fer, le télégraphe, le téléphone, ceux-ci servent en majeure partie à satisfaire l'âme sensible. Comme la force vitale constructrice imprègne le corps physique, ainsi la force de la pensée imprègne l'âme sensible. La force vitale constructrice rattache le corps physique du descendant à celui de l'ascendant, et le soumet ainsi à une loi qui ne concerne pas le principe purement minéral. De même, la force de la pensée impose à l'âme sensible une loi qui ne lui est pas propre en tant qu'âme purement sensible. L'âme sensible apparente l'homme à l'animal. L'animal a, lui aussi, des instincts, des passions. Il leur obéit aveuglément. Il n'y rattache pas de pensées indépendantes, dépassant l'expérience immédiate. Il en est de même, jusqu'à un certain point, de l'homme primitif. Il faut donc distinguer entre l'âme purement sensible et cette âme supérieurement développée qui utilise la pensée. Désignons celle-ci par le terme *d'âme rationnelle*.

L'âme rationnelle imprègne l'âme sensible. Le voyant, qui possède l'organe de perception de l'âme, les distingue l'une de l'autre.

46

* *
*

Par la pensée l'homme franchit les limites de sa vie personnelle. Il acquiert une faculté par laquelle il dépasse sa propre âme. Il lui devient évident que les lois de la pensée concordent avec l'ordre du monde, et, grâce à cette conviction, il se sent chez lui dans le monde. Cette concordance est un des faits essentiels qui nous permettent de connaître notre propre nature. Nous cherchons la vérité dans notre âme, celle-ci ne s'y révèle pas seule, les réalités du monde s'y expriment aussi. La vérité que reconnaît la pensée a une *valeur propre, autonome* qui ne dépend point seulement de l'âme pensante mais qui concerne les réalités du monde. L'enthousiasme que m'inspire le ciel étoilé est affaire personnelle, les pensées que je développe sur le cours des astres ont autant de valeur pour la pensée de tout autre homme que pour moi. Il serait absurde de parler de *mon* enthousiasme sans parler de moi, mais il n'est pas absurde de parler de mes pensées sans qu'il soit question de moi. Car la vérité que je pense aujourd'hui était vraie hier aussi et le sera demain, même si elle ne m'occupe qu'aujourd'hui. La joie que peut me causer l'acquisition d'une connaissance n'a de valeur qu'aussi longtemps qu'elle dure, la vérité que renferme cette connaissance a une valeur en soi, indépendamment de ma joie. L'âme qui saisit une vérité établit entre elle-même et son objet un lien qui a sa valeur propre. Celle-ci ne disparaît pas plus avec la sensation de l'âme qu'elle n'est née avec elle. La vérité pure ne naît ni ne meurt, mais possède une valeur que rien ne saurait annihiler. Ceci ne contredit point le fait que certaines « vérités » humaines particulières n'ont qu'une valeur transitoire et apparaissent à un moment donné comme des erreurs partielles ou totales. Car nous devons admettre que la vérité éternelle existe bien en soi, quoique nos pensées n'en soient que des apparences transitoires.

Même un homme qui, comme Lessing, estimant la vérité inconnaissable à tout autre qu'à Dieu, prétend être satisfait pour son éternelle recherche, ne lui dénie pas sa valeur d'éternité mais l'affirme au contraire. Car seul ce qui possède une valeur éternelle peut provoquer une recherche éternelle. Si la vérité n'était pas autonome, si les sentiments seuls lui donnaient un sens et une valeur, elle ne pourrait pas être un but *unique* pour tous les hommes. La rechercher, c'est lui reconnaître une existence indépendante. Et il en est de même du *Bien*. Le Bien moral est indépendant de toute inclination, de toute passion, tant qu'il leur commande et ne se laisse pas commander par elles. Le plaisir ou le déplaisir, l'attrait ou la répulsion, sont des sentiments personnels à l'homme, le devoir les domine tous. Nous pouvons le placer si haut que nous sacrifions pour lui notre vie. Et plus l'âme est élevée, plus elle annoblit ses inclinations, ses plaisirs, ses impulsions, de manière à ce que tous ses sentiments obéissent d'eux-mêmes au devoir, sans y être contraints. Comme le Vrai, le Beau porte en soi une valeur d'éternité et ne la reçoit pas de l'âme sensible.

En éveillant en soi le Vrai et le Bien indépendants, l'homme s'élève au-dessus de l'âme sensible. L'esprit éternel illumine celle-ci. Une lumière inextinguible s'allume en elle. Dans la mesure où elle vit dans cette lumière, l'âme participe d'un principe éternel auquel elle unit sa propre existence. Le Vrai et le Bien qu'elle renferme sont *immortels*. Nous appellerons *âme consciente* ce principe éternel qui s'éveille dans l'âme. On peut déjà parler de conscience dans les manifestations inférieures de l'âme. La sensation la plus commune est accompagnée de conscience. Dans ce sens il faut également la reconnaître aux animaux. Nous entendons ici par *âme consciente* le noyau de la conscience humaine, *l'âme dans l'âme*. Et nous la distinguons de l'âme rationnelle, nous en faisons un élément indépendant. L'âme rationnelle est encore contrariée par les sensations, les instincts, les passions, etc. Nous savons tous que, d'instinct, nous reconnaissons pour vrai ce que nous préférons. Mais seule est *durable* la vérité qui s'est affranchie de toute sympathie ou antipahtie provoquées par la sensation. La vérité reste vraie, même si elle révolte tous les sentiments personnels. C'est cette partie de l'âme qu'habite la vérité que nous appelons âme consciente.

De même que nous avons distingué trois corps, nous distinguerons donc trois âmes : *l'âme sensible*, *l'âme rationnelle* et *l'âme consciente*. Et, tandis que le corps exerce d'en bas sur l'âme une action *limitative*, l'esprit exerce sur elle d'en haut, une action *expansive*. Car, plus l'âme se pénètre de vérité et de bien, plus grandit et s'étend en elle le principe éternel. Pour le voyant qui la perçoit, le rayonnement d'une âme en qui croît le principe éternel est aussi réel que la lumière d'une flamme pour l'œil physique. Pour le « voyant » le corps physique ne représente qu'une partie de *l'être entier*, la partie la plus grossière. Les autres parties le pénètrent et se pénètrent entre elles. Le corps éthérique remplit le corps physique de sa forme vitale ; le corps animique (forme astrale) déborde de toutes parts le corps éthérique ; à son tour l'âme sensible le dépasse, puis l'âme rationnelle qui s'étend à mesure qu'elle s'emplit de Vrai et de Bien. Sous leur influence elle grandit, en effet. L'homme qui s'abandonnerait à ses penchants, à ses sympathies et à ses antipathies aurait une âme rationnelle dont les limites coïncideraient avec celles de son âme sensible.

Toutes ces formations au milieu desquelles le corps physique apparaît comme enveloppé d'un nuage peuvent être appelées *l'Aura humaine*. C'est d'elle que s'enrichit *l'Etre humain* lorsqu'on lui applique la vision que nous cherchons à décrire.

*
* *

Au cours de notre enfance, il arrive un moment, où, pour la première fois, nous sentons l'indépendance de notre être à l'égard de tout le reste du monde. Pour les natures sensibles cette expérience revêt une grande importance. Le poète Jean Paul, écrit ce qui suit dans ses souvenirs : « Je n'oublierai jamais un événement de ma vie intérieure, que je n'ai encore raconté à personne. Ce fut la naissance de ma soi-conscience. Je pourrais indiquer le jour et l'endroit où elle eut lieu. Un matin, je n'étais alors qu'un tout petit enfant, je me tenais debout sur le pas de la porte, et je regardais à gauche, vers le bûcher lorsque, subitement, la vision intérieure : « Je suis un *je* », fondit sur moi comme un éclair, et cette certitude ne me quitta plus : pour la première fois, en cet instant, mon moi s'était contemplé lui-même, et ce fut pour l'éternité. Il n'est guère possible ici d'invoquer une erreur de mémoire, tout récit auquel aurait pu se mêler des détails inventés étant exclu, et cet événement s'étant déroulé dans le sanctuaire le plus secret de mon être. Seul son caractère imprévu et nouveau fait que je me souviens des circonstances banales qui l'entourèrent. » Tout le monde sait que les petits enfants disent d'eux-mêmes : « Charles est sage », ou « Marie veut avoir cela ». Nous trouvons naturel qu'ils parlent d'eux-mêmes comme s'ils parlaient d'autres personnes, parce qu'ils n'ont pas encore pris conscience de leur personnalité indépendante de leur *moi*. C'est la soi-conscience qui permet à l'homme de se désigner lui-même comme un être séparé, indépendant, qu'il qualifie de « Je ».

Nous réunissons dans ce mot « Je » tout ce que nous éprouvons en tant qu'êtres doués d'un corps et d'une âme. Le corps et l'âme sont les porteurs du moi, il agit en eux. Comme le corps a son centre dans le cerveau, l'âme a son centre dans le « Moi ». Nous recevons du dehors nos sensations, nos sentiments naissent par l'effet du monde extérieur ; la volonté s'exerce sur lui, puisqu'elle se manifeste par des actes. Le « moi » qui est l'essence véritable de l'homme, demeure invisible. Jean Paul dit avec une grande justesse : « cet événement se passa dans le sanctuaire le plus secret de son être. » Car, dans son moi, l'être est tout à fait seul. Et ce moi, c'est l'homme lui-même. C'est pourquoi nous pouvons désigner le corps et l'âme comme des *enveloppes* dans lesquelles nous vivons et qui forment les conditions corporelles nécessaires à notre activité. Au cours de notre évolution, nous apprenons de plus en plus à mettre ces instruments au service de notre « moi ». — Le mot « Je » se distingue de tous les autres mots de la langue. Quand on réfléchit à sa nature, il ouvre la porte à une compréhension plus profonde de l'être humain. Chacun de nous peut employer tout autre mot en l'appliquant à l'objet qu'il désigne. Tout le monde appelle une table « Table », une chaise « Chaise ». Mais le mot « Je » chacun de nous ne peut l'employer que pour se désigner soi-même, nous ne pouvons l'appliquer à aucun objet étranger. Le mot « Je » ne résonnera jamais du dehors à mon oreille pour me désigner moi-même. Du dedans seulement, *d'elle-même* seulement, l'âme peut s'appeler « Je ». Dès l'instant où nous nous appelons nous-même « Je », quelque chose parle en nous qui n'*a rien* de commun avec les mondes dont émanent les « enveloppes » qui nous ont occupés jusqu'à présent. Le moi devient de plus en plus le maître du corps et de l'âme. Cette évolution se marque dans l'aura humaine qui s'articule, s'enrichit, se colore de plus en plus. Le « voyant » constate l'action du moi sur l'aura. Le « moi » lui-même lui est invisible, il est vraiment caché dans le « sanctuaire le plus secret de l'être ». Le moi recueille les rayons de la Lumière Eternelle qui illumine l'homme. Et de même que nous réunissons dans le moi les expériences du corps et de l'âme, nous le pénétrons également de nos pensées de Vérité et de Bien. Les phénomènes sensibles se révèlent au moi d'un côté, de l'autre se révèle *l'Esprit*. Le corps et l'âme se consacrent au moi pour le servir, mais le moi s'abandonne à l'Esprit pour qu'il l'emplisse. Le moi vit dans le corps et dans l'âme, mais l'Esprit vit dans le moi. Et ce qui vit d'esprit dans le moi est éternel. Car le moi reçoit l'être et le sens de ce à quoi il s'unit. En tant que vivant dans le corps physique, il est soumis aux lois minérales ; grâce au corps éthérique, il est régi par les lois de la reproduction et de la croissance ; par l'âme sensible et rationnelle, il obéit aux lois du monde animique. Dans la mesure où il se spiritualise, il est soumis aux lois de l'esprit. Tout ce qui est régi par les lois minérales et vitales naît et meurt, l'Esprit échappe à la naissance et à la mort.

*
* *

Le Moi vit dans l'âme. Bien que son expression la plus haute soit l'âme consciente, il faut dire cependant qu'il rayonne sur l'âme entière, qu'il l'emplit et que par elle il agit sur le corps. Or, dans le moi vit et rayonne l'Esprit. Le moi est « l'enveloppe » de l'esprit, comme le corps et l'âme sont celles du moi. L'esprit modèle le moi du dedans au dehors, l'univers le façonne du dehors audedans. Nous appellerons « Soi spirituel » l'esprit modeleur et animateur du moi, parce qu'il se manifeste comme le moi ou le « Soi » de l'homme. Voici comment l'on peut distinguer le « Soi spirituel » de l'âme consciente : Cette dernière est *mûe* par la vérité pure, affranchie de toute sympathie et de toute antipathie. Le « Soi Spirituel » porte en soi la *même* vérité, mais recueillie et isolée dans le « Moi » qui l'individualise. La vérité éternelle, en s'individualisant ainsi, en s'unissant au « Moi » confère à ce « Moi » lui-même l'éternité.

Le Soi Spirituel est une révélation du monde spirituel dans le moi, de même que les sensations sont en lui, d'un autre côté, une révélation du monde physique. Le monde physique se manifeste en nous par les perceptions : rouge, verte, claire, sombre, dure, molle, chaude, froide, qu'il nous donne ; le monde spirituel se manifeste à nous par le bien et le vrai. Dans le même sens où nous appelons sensations les révélations que nous donne notre corps, nous appellerons *intuitions* celles que nous devons à l'esprit. La pensée la plus simple implique déjà de l'intuition, car nous ne pouvons ni la toucher ni la voir : elle exige une révélation de l'esprit au travers du moi. Qu'un homme développé et qu'un homme primitif contemplent la même plante, leur expérience sera très différente. Cependant un même objet aura éveillé leurs sensations. Mais l'un pourra avoir sur cet objet des pensées plus parfaites que l'autre. Si les objets ne se révélaient à nous que par les sensations, toute évolution spirituelle serait exclue. Le sauvage sent la nature ; mais les lois de la nature ne se révèlent qu'à la pensée fécondée par l'intuition de l'homme hautement développé. L'enfant reçoit les excitations du monde extérieur et celles-ci éveillent sa volonté, mais les commandements du Bien moral ne se découvrent à lui qu'au cours de son développement, alors qu'il apprend à vivre dans l'esprit et à en reconnaître les manifestations.

Sans œil, il n'y aurait pas de perception visuelle ; sans la pensée supérieure du Soi spirituel il n'y aurait pas d'intuition. La sensation ne crée pas plus la plante qui se colore, que l'intuition ne crée le monde spirituel, elle ne fait que nous le révéler.

Les intuitions apportent au moi humain qui s'éveille dans l'âme les messages d'en haut, du monde spirituel, comme les sensations lui apportent ceux du monde physique. Et la vie de l'âme embrasse alors le monde spirituel, comme elle embrasse le monde physique par l'intermédiaire des sens. L'âme, ou plutôt le moi qui s'y éveille, ouvre de deux côtés ses portes : vers le corps et vers l'esprit.

Nous avons vu que le monde physique ne peut se révéler au moi, qu'en lui édifiant un corps à l'aide des substances et des forces qui le composent lui-même, corps dans lequel l'âme consciente peut vivre et qui lui fournit les organes nécessaires à la perception du monde physique qui l'entoure. De même, le monde spirituel construit à l'aide des forces et des substances spirituelles un corps spirituel dans lequel le moi peut vivre et grâce auquel il peut, par intuition, percevoir le monde spirituel. (Il va sans dire que les expressions de « substance spirituelle », « corps spirituel » comportent une contradiction dans les termes. Nous ne les employons que pour donner une idée de ce qui, dans le domaine spirituel, correspond au corps physique de l'homme). Dans le monde physique, chaque corps humain est une entité indépendante, il en est de même du corps spirituel dans le monde spirituel. Et dans ce monde, comme dans le monde physique, il existe pour l'homme une vie extérieure et une vie intérieure. De même que nous puisons dans le monde physique les substances qui nous sont nécessaires et que nous les transformons dans notre corps, nous empruntons au monde spirituel ses éléments, et nous nous les approprions. L'esprit est la nourriture éternelle de l'homme, et, de même qu'il doit sa vie matérielle au monde physique, il doit sa vie spirituelle à l'action des lois éternelles du Vrai et du Bien.

Il est distinct du monde spirituel qui l'entoure, comme il l'est du monde physique. Nous appellerons « Homme Esprit » cette entité spirituelle indépendante.

En analysant le corps physique de l'homme, nous le trouvons formé des mêmes substances et des mêmes forces qui remplissent en dehors de lui le monde matériel. Il en est de même de l'Homme Esprit. En lui vivent les éléments et agissent les forces du monde spirituel environnant. Dans le monde physique l'être vivant et sentant est enveloppé d'une peau qui l'isole du dehors. De même, « la peau » spirituelle isole « l'Homme Esprit » du monde spirituel, elle en fait un être indépendant qui vit et qui perçoit intuitivement les éléments du monde qui l'entoure. Nous appellerons cette « peau spirituelle » — *l'enveloppe spirituelle* (enveloppe aurique).

Notons seulement que cette « peau spirituelle » s'étend continuellement à mesure que s'accentue l'évolution humaine, de telle sorte que l'individualité spirituelle de l'homme, (son enveloppe aurique) est douée d'une faculté illimitée d'extension.

Au sein de cette enveloppe spirituelle *vit* l'Homme Esprit. Il est édifié par la *force* vitale spirituelle, exactement comme le corps physique l'est par la force vitale physique. De même que nous parlons d'un corps éthérique, nous pouvons parler d'un esprit éthérique. Nous l'appellerons *l'Esprit de Vie*. Par conséquent, l'entité spirituelle de l'homme comprend trois parties : *l'Homme Esprit, l'Esprit de Vie* et le *Soi Spirituel*. Pour le « voyant » de ces mondes, cette entité spirituelle de l'homme est une réalité perceptible et forme la partie supérieure, proprement spirituelle, de *l'Aura*. Le voyant « contemple », à l'intérieur de l'enveloppe spirituelle, l'Homme Esprit, qui se manifeste dans l'Esprit de Vie, et il « voit » celui-ci s'accroître constamment par l'assimilation de la substance spirituelle empruntée au monde environnant.

A mesure que s'étend l'enveloppe spirituelle, il voit grandir l'Homme Esprit. Quand nous disons qu'il « voit » dans l'espace cette « croissance », nous parlons, bien entendu, d'une *image* de la réalité. Cependant, la représentation de cette image incline l'âme vers la réalité spirituelle correspondante. L'entité spirituelle de l'homme diffère de son entité physique, en ce que cette dernière est limitée dans ses dimensions, tandis que la première peut croître indéfiniment. La nourriture spirituelle possède une valeur éternelle. L'Aura humaine comprend, par conséquent, deux parties qui se pénètrent l'une l'autre. L'une reçoit de l'existence physique sa forme et sa coloration, l'autre les reçoit de l'existence spirituelle. Le Moi les délimite entre elles de la manière suivante : l'élément physique de l'Aura s'offre au moi afin de lui créer un corps dans lequel puisse se manifester une âme ; le moi, à son tour, s'abandonne à l'esprit, afin que celui-ci puisse vivre en lui ; l'esprit, de son côté, pénètre l'âme et la tourne vers le monde spirituel. Le corps emprisonne l'âme dans le monde matériel, l'Homme Esprit lui donne des ailes qui lui permettent de se mouvoir dans le monde spirituel.

*
* *

Pour comprendre la nature complète de l'homme, il faut considérer les différentes parties qui le composent.

Le corps s'édifie des substances du monde physique et est soumis au moi pensant. Imprégné de force vitale, il devient le corps éthérique ou corps vital.

Il s'ouvre alors, par l'organe des sens, au monde extérieur et devient le corps animique. Celui-ci est pénétré par l'âme sensible et forme avec elle une unité. L'âme sensible ne reçoit pas seulement les sensations du dehors, elle a une vie propre que fécondent, d'une part, les sensations, de l'autre la pensée. Elle devient alors l'âme rationnelle. Elle y parvient en s'ouvrant aux intuitions supérieures, ainsi qu'aux sensations inférieures. Par là, elle est âme consciente. Elle le doit au monde spirituel qui développe en elle l'organe de l'intuition, comme le corps physique lui a donné l'organe des sens. Les sens lui transmettent les sensations par l'intermédiaire du ocrps animique, l'esprit lui transmet les intuitions par l'organe intuitif. L'Homme Esprit est ainsi uni à l'âme consciente, comme le corps physique l'est à l'âme sensible dans le corps animique. Dans l'unité formée par l'âme consciente et le soi spirituel, l'Homme Esprit vit comme Esprit de Vie, de même que le corps éthérique constitue la base vitale corporelle nécessaire au corps animique. Et comme le corps physique est délimité par la peau, ainsi l'homme spirituel l'est par l'enveloppe spirituelle.

L'homme complet se compose donc des parties constitutives suivantes :

A) Corps physique,
B) Corps éthérique ou corps vital,
C) Corps animique,
D) Ame sensible,
E) Ame rationenlle,
F) Ame consciente,
G) Soi spirituel,
H) Esprit de vie,
I) Homme-Esprit.

Le corps animique (C) et l'âme sensible (D) forment une unité dans l'homme terrestre : de même que l'âme conciente (F) et le Soi spirituel (G).

L'Etre humain est alors constitué de sept parties :

1º) Le corps physique,
2º) Le corps éthérique ou corps vital,
3º) Le corps animique sensible,
4º) L'âme rationnelle,
5º) L'âme consciente remplie par l'esprit,
6º) L'esprit de vie,
7º) L'homme-esprit.

Le « moi » s'éveille dans l'âme, reçoit l'impulsion de l'esprit et devient porteur de l'homme spirituel. L'homme participe ainsi des trois mondes (physique, animique et spirituel). Par le corps physique, le corps animique et le corps éthérique, il a ses racines dans le monde physique. Par le soi spirituel, l'esprit de vie et l'homme-esprit, il fleurit dans le monde spirituel. Sa *tige* c'est l'âme elle-même.

On peut, sans nuire à cette division de l'être humain, en adopter une forme simplifiée, Bien que ce soit dans l'âme consciente que s'éveille le « moi », elle n'en imprègne pas moins la nature animique toute entière.

Les différentes parties de l'âme ne sont point aussi nettement délimitées que les parties corporelles ; elles se pénètrent davantage les unes les autres.

Si l'on considère l'âme rationnelle et l'âme consciente comme les deux enveloppes étroitement unies du Moi, et celui-ci comme leur noyau, on peut diviser l'être humain en : corps physique, corps vital, corps astral et Moi. On désigne alors par corps astral l'ensemble du corps animique et de l'âme sensible. Cette expression est usitée dans l'ancienne littérature, nous l'emploierons ici pour désigner ce qui, dans l'être humain, échappe d'une façon générale, aux perceptions sensibles. Bien que l'âme sensible soit, dans un certain sens, vivifiée par le Moi, elle est si étroitement unie au corps animique, qu'on est en droit de les désigner par une seule appellation. Lorsque le moi se pénètre du Soi spirituel, l'intervention de ce dernier provoque la transformation du corps astral par l'âme. Au sein de corps astral agissent d'abord les instincts, les appétits, les passions, dans la mesure où l'homme est sollicité par eux ; les perceptions sensibles s'y manifestent également. Celles-ci s'éveillent en l'homme par l'intermédiaire du corps animique qui lui est octroyé par le monde extérieur. Les désirs, les instincts, les passions, etc., naissent dans l'âme sensible pour autant que celle-ci se trouve vivifiée par l'être intérieur, avant qu'il ne se soit abandonné à l'esprit. Quand le moi se pénètre du Soi spirituel, l'âme communique sa force au corps astral. Les désirs, les instincts, les passions se trouvent alors illuminés par cette force que le moi a reçue de l'esprit. Participant de l'esprit, il règne désormais sur eux. Le Soi spirituel luit dans le corps astral, et le transforme. Celui-ci présente alors deux parties, l'une qui a subi la transformation en question, l'autre qui n'a pas changé. On peut donc appeler le Soi spirituel qui se révèle dans l'homme, le corps astral transformé. Un phénomène semblable a lieu lorsque le moi humain accueille l'Esprit de Vie. Celui-ci pénètre le corps vital qui se transforme. On peut appeler l'Esprit de Vie, le corps vital transformé.

Et lorsque le moi, enfin, reçoit l'Homme-Esprit, il acquiert la force nécessaire pour en pénétrer le corps physique.

Cette transformation du corps physique n'est naturellement pas perçue par les sens physiques ; étant due à une spiritualisation de l'être, elle n'est accessible qu'à la perception spirituelle. Même les parties du corps physique qui sont imprégnées par l'esprit ne sont perçues que physiquement par les sens extérieurs. En se basant sur tout ce qui précède, on peut établir encore la division suivante de l'être humain :

1°) Le corps physique,
2°) Le corps vital,
3°) Le corps astral,
4°) Le Moi, ou noyau de l'âme,
5°) Le Soi spirituel, ou corps astral transformé,
6°) L'Esprit de vie, ou corps vital transformé,
7°) L'Homme-Esprit, ou corps physique transformé.

LA RÉINCARNATION DE L'ESPRIT ET LA DESTINÉE

Entre le corps et l'esprit vit l'âme. Les impressions qui lui parviennent du corps sont passagères. Elles ne durent qu'aussi longtemps que le corps ouvre ses organes aux objets du monde extérieur. Mon œil ne perçoit la couleur d'une rose qu'aussi longtemps qu'il reste ouvert et tourné vers elle. Toute impression, sensation ou perception exige la *présence* de l'objet du monde extérieur et de l'organe du corps.

Par contre, la *vérité* que mon esprit a découverte, concernant cette rose ne disparaît pas avec elle. Cette vérité ne dépend nullement de moi. Elle serait identique, même si je ne m'étais jamais trouvé en présence de la rose. Les vérités que reconnaît l'esprit se fondent sur un élément de la vie de l'âme qui se rattache à la vie intérieure du monde. Celle-ci se révèle à l'âme, indépendamment du corps périssable qui lui sert de base matérielle. Peu importe que l'objet qui se révèle

ne possède pas toujours lui-même une valeur éternelle ;
l'essentiel est que l'âme en ait la révélation indépendamment de son corps matériel transitoire. L'élément durable *de l'âme* entre en considération dès
l'instant où l'on observe que cette âme a des perceptions qui ne sont pas limitées par ses organes
périssables. Il n'importe pas davantage que ces perceptions parviennent à la conscience par l'intermédiaire
de l'organisme physique. Ce qui importe, c'est que
leur objet réel, tout en vivant dans l'âme, demeure
cependant indépendant du phénomène transitoire de la
perception. L'âme se trouve placée entre le présent
et la durée, grâce à la position qu'elle occupe entre le
corps et l'esprit, mais elle est aussi la *médiatrice* entre
le présent et la durée. En elle, le présent se conserve
pour le *souvenir*. Elle l'arrache ainsi au transitoire, elle
le recueille dans la durée de sa spiritualité. Elle imprime
un élément de durée à ce qui s'évanouirait dans le temps,
du fait qu'elle ne se livre pas seulement aux excitations
passagères de la vie, mais détermine elle-même les choses,
et leur incorpore son essence par les actes qu'elle accomplit. Par le souvenir, l'âme conserve hier ; par les actes,
elle prépare demain.

Mon âme, pour rester consciente de la couleur rouge
de la rose, devrait sans cesse en renouveler la perception si le souvenir ne la lui conservait. Ce qui persiste
dans l'âme après la disparition de l'impression exté-

rieure peut, indépendamment de cette dernière, rede-
venir une *représentation*. Par ce don, l'âme transforme
le monde extérieur en son propre monde intérieur :
en sorte qu'il devient sa propriété, dont elle peut par
la mémoire tirer des souvenirs, et qu'il mène une
existence autonome, en union avec elle-même, indépendamment des perceptions nouvelles. La vie de l'âme
devient ainsi une résultante permanente des impressions passagères du monde extérieur.

Mais l'acte aussi revêt un caractère de durée lorsqu'il
s'imprime au monde extérieur. Que je coupe une branche
à un arbre et le cours des événements qui se déroulent
dans le monde extérieur sera complètement transformé.
Toute autre eût été la destinée de cette branche
d'arbre si je n'étais intervenu par mon acte. J'ai donné
le jour à toute une série de faits qui ne se seraient
pas produits si je n'avais pas existé. Ce que je fais
aujourd'hui demeure *demain*. L'acte donne à l'action
une durée, comme la mémoire a donné de la durée à
mes impressions.

La conscience ordinaire ne se représente pas de
la même manière la durée conférée par l'acte et
celle que la mémoire accorde à l'impression que laisse
en nous la perception. Cependant le moi humain n'est-il
pas lié au changement que son action a apporté dans le
monde, autant qu'il l'est au souvenir qu'a fait naître une
impression ? Les jugements que le moi portera sur ses

nouvelles impressions varieront selon les souvenirs qui lui resteront des précédentes. Mais, en tant que moi, ses rapports avec le monde varieront de même, selon les actes qu'il a accomplis. De l'impression que mon acte a produit sur un autre homme dépendront les rapports qui s'établiront entre mon « moi » et le monde. Nous ne nous rendons pas compte de ces choses autant que du changement qu'amène dans le « moi » l'acquisition d'un souvenir, simplement parce que le souvenir se lie dès sa formation à la vie personnelle de l'âme, tandis que l'effet extérieur de l'action, détaché de cette vie psychique, se manifeste dans une suite d'événements qui sont encore autre chose que le souvenir que nous en gardons. Indépendamment de ce fait, cependant, il faudrait reconnaître qu'une action amène dans le monde un changement qui porte l'empreinte du « moi » qui l'a accomplie. Si l'on réfléchit sérieusement à ce qui précéde on sera obligé de se poser la question suivante : Ne se pourrait-il pas que les effets d'une action qui ont été marqués par la nature du « moi » acquièrent une tendance à revenir au « moi », de même qu'une impression conservée dans la mémoire se ravive sous une provocation extérieure? Les impressions que conserve la mémoire attendent cette provocation. Les impressions que le monde conserve et qui portent le caractère du « moi », n'attendraient-elles pas de même l'occasion de revenir à l'âme humaine *du dehors*, comme les souvenirs lui reviennent du dedans, lorsque l'occasion leur en est donnée? Nous ne faisons ici que poser la question, car il se pourrait sans doute que l'occasion de réagir sur l'âme humaine ne fût jamais donnée à l'acte auquel le moi aurait imprimé son caractère.

Mais que des effets de cette nature existent et qu'ils déterminent les rapports du « moi » avec le monde, c'est là une représentation qui nous apparaît immédiatement comme possible, lorsque notre pensée suit le raisonnement ci-dessus. Nous allons rechercher à présent s'il existe dans la vie humaine quelque chose qui nous permette de conclure de cette représentation « possible » à une réalité.

*
* *

Considérons tout d'abord la mémoire. Comment naît-elle? Evidemment de tout autre manière que la sensation ou la perception. Je ne puis percevoir la couleur bleue sans mon œil. Mais celui-ci ne me donne nullement le souvenir du bleu. Pour que mon œil me donne à tel moment la sensation du bleu, il faut que je me place devant un objet bleu. L'organisme physique laisserait s'effacer toutes les impressions si, tandis que l'acte de perception faisait naître des représentations *actuelles*, il ne s'établissait pas simultanément entre le monde extérieur et l'âme un rapport déterminé. Ce rapport a pour conséquence de permettre plus tard à l'âme de faire surgir en elle, par un processus *intérieur*, une représentation de l'objet qui, jadis, agissant *du dehors*, en avait fait naître une première.

Ceux qui se sont exercés à l'observation psychique pourraient se méprendre sur le sens de ce qui précède, si nous disions que notre mémoire pourrait réveiller demain la représentation même qu'un objet fit naître en nous hier, laquelle se serait conservée dans quelque région indéterminée de notre âme. Il n'en est point ainsi. La représentation que j'ai d'un objet à un certain moment disparaît avec ce moment. Si je me souviens de lui plus tard, c'est qu'un certain processus se poursuit en moi, processus qui est la conséquence d'un rapport qui s'est établi entre le monde extérieur et moi, *indépendamment* de la représentation du moment. Celle que fait naître le souvenir est nouvelle, ce n'est pas l'ancienne représentation qui s'est conservée. Le souvenir consiste en une possibilité de se représenter *à nouveau* une chose, et non point de faire revivre une représentation passée. Ce qui se *reproduit* n'est pas la représentation Nous faisons ici cette remarque parce que, dans le domaine de la science spirituelle, il est nécessaire d'avoir sur certaines choses des idées plus *précises* que dans la vie ordinaire et même que dans le domaine de la science ordinaire. « Je me souviens » signifie : « J'ai l'impression d'une chose qui elle-même n'existe plus. Je relie une expérience passée à ma vie actuelle ».

C'est ce qui a lieu pour tous les souvenirs. Supposons que je rencontre une personne et que je la reconnaisse parce que je l'ai déjà vue hier. Elle me resterait parfaitement inconnue, si je ne savais pas relier l'image que ma perception m'a permis de me former hier à l'impression qu'elle me fait aujourd'hui. Par la perception, autrement dit par l'organisme physique, une image naît en moi aujourd'hui. Mais qu'est-ce donc qui introduit comme par miracle l'image d'hier dans mon âme? C'est le même être qui en moi prit part hier à mon expérience et qui y participe également aujourd'hui. Nous l'avons appelé *âme* dans notre exposé précédent. Sans cette fidèle gardienne du passé, toute impression du dehors serait toujours nouvelle pour nous. Il est certain que l'âme grave dans le corps le phénomène qui fait d'une chose un souvenir, mais il faut que ce soit l'âme qui fasse cette impression et qui la perçoive ensuite comme elle perçoit un objet extérieur. Voilà en quel sens elle est la gardienne du souvenir. Comme telle, elle récolte continuellement des trésors pour l'esprit. Nous avons la faculté de distinguer le vrai du faux, parce que nous sommes des êtres pensants capables de saisir la vérité en esprit. La vérité est éternelle et pourrait sans cesse se révéler à nous dans les choses, même, si nous pouvions oublier à chaque instant le passé et que chaque impression fût neuve pour nous. Mais l'esprit qui est en nous n'est pas limité aux impressions présentes, l'âme étend sa vision au passé. Et plus elle tire de connaissances du passé, plus elle s'enrichit. Voilà comment l'âme transmet à l'esprit les expériences qu'elle doit au corps. L'esprit de l'homme porte donc en soi à chaque instant de sa vie deux éléments : d'une part, les lois éternelles du Bien et du Vrai, et, d'autre part, les souvenirs de ses expériences passées. Ces deux facteurs déterminent ses actes. Pour comprendre un esprit humain, il faut donc que nous sachions de lui deux choses : dans quelles mesures les lois éternelles se sont révélées à lui, et combien sont grands les trésors du passé qu'il a accumulés.

Ces trésors ne demeurent nullement inchangés en lui. Les impressions que nous tirons de nos expériences s'évanouissent peu à peu de notre mémoire. Mais non pas leurs fruits. Nous ne nous souvenons pas de toutes les expériences que nous avons faites étant enfant tandis que nous apprenions à lire et à écrire. Mais nous ne saurions ni lire, ni écrire si nous ne les avions pas faites et si leurs fruits n'étaient demeurés en nous sous forme de facultés. Et c'est là la transformation que l'esprit opère sur les trésors de la mémoire. Il abandonne à la destinée tout ce qui pourrait en eux faire naître des images d'expériences particulières et il n'en extrait que le pouvoir d'élever ses facultés. Aucune expérience n'est, en conséquence, inutile : l'âme les conserve toutes comme souvenirs, et l'esprit en tire tout ce qui peut enrichir ses facultés et sa capacité de vie. L'esprit humain *croît* grâce à l'élaboration de nos expériences. Par conséquent, s'il n'est pas exact que l'on puisse retrouver les expériences passées accumulées dans l'esprit comme dans un grenier, on n'en retrouve pas moins les effets dans les facultés que nous avons acquises.

Nous n'avons considéré, jusqu'à présent, l'esprit et l'âme qu'entre les limites comprises entre la naissance et la mort. Nous ne pouvons en rester là. Ce serait comme si nous limitions à cette même période toute observation concernant le corps. Certes, nous pourrions tirer de cette étude beaucoup de connaissances ; mais elles ne suffiraient jamais à nous expliquer la forme humaine. Celle-ci ne saurait s'édifier spontanément, au moyen des seules forces et des seules substances physiques. Elle ne peut devoir son existence qu'à une forme semblable à elle et dont elle témoigne. Les substances et les forces physiques édifient le corps pendant la vie : les forces de la reproduction lui permettent de donner naissance à un autre être ayant sa forme, capable par conséquent d'être porteur du même corps vital. Tout corps vital est une reproduction de celui de son ascendant. Et c'est uniquement *pour cela* qu'il ne revêt pas une forme quelconque, mais celle dont il hérite. Les forces qui ont donné naissance à la forme humaine que je revêts se trouvaient dans mon ancêtre. Mais l'esprit de l'homme revêt lui aussi une forme déterminée (le mot forme est pris, bien entendu, dans un sens spirituel). Et les formes de l'esprit varient infiniment d'un être à l'autre. Il n'existe pas deux hommes qui aient la même forme.

Abordons ce domaine dans le même esprit calme et objectif que nous appliquons au domaine physique.

Maintenir que les divergences entre les individus ne sont dues qu'à des variations de milieu, d'éducation, etc., est chose impossible. Deux personnes qui subissent les mêmes influences de milieu, d'éducation, etc., se développent de manière toute différente. Il faut donc admettre qu'elles ont apporté, en naissant, des dispositions tout à fait différentes. Nous voici devant un fait important qui, si nous en discernons toute la portée, nous éclaire sur l'entité humaine. Si nous concentrions toute notre attention sur le seul côté matériel de la question, nous pourrions dire : il est vrai que les différences que nous constatons entre les personnalités humaines ne sont attribuables qu'à des variations dans la constitution des germes matériels. Les lois de l'hérédité découvertes par Grégor Mendel donnent à cette hypothèse une apparence d'exactitude même scientifique.

Mais ce faisant, nous prouverions simplement notre incapacité à comprendre le rapport réel qui existe entre l'homme et les expériences qu'il fait. Car l'observation exacte nous montre que les circonstances extérieures agissent différemment sur les différentes personnalités, selon que varie un facteur qui n'a aucun rapport direct avec l'évolution du corps.

Si l'on étudie sérieusement cette question, on constate que les effets dus à des dispositions propres à la substance se distinguent de ceux qui ont, il est vrai, leur origine dans un rapport de l'être humain avec la vie, mais qui ne peuvent se développer que du fait que l'âme entre elle-même dans ce rapport.

Les hommes se distinguent par leur forme physique des créatures animales vivant sur la terre. Mais ils se ressemblent jusqu'à un certain point entre eux. Il n'existe qu'une seule espèce humaine. Si grandes que puissent être les différences entre les races, les peuples, les individus, physiquement la ressemblance d'un homme avec un autre homme est plus grande que celle de l'homme avec une race animale quelconque. Tout caractère qui apparaît dans l'espèce humaine est conditionné par l'hérédité dont dépend la forme humaine. Comme le lion ne peut hériter sa forme physique que d'un ancêtre lion, l'homme ne peut hériter la sienne que de l'homme.

Or, si la ressemblance physique entre les hommes est évidente, leur dissemblance au point de vue de la forme spirituelle apparaît nettement à tout regard spirituel non prévenu. Un fait accessible à tous en témoigne. C'est l'existence de la biographie d'un homme. Si l'homme n'était que le représentant d'une espèce, il ne pourrait pas avoir d'histoire. Un lion, un pigeon, n'ont d'intérêt qu'en tant qu'ils appartiennent à l'espèce du lion ou du pigeon. On a compris tout ce qu'il y a d'essentiel dans un individu animal, lorsqu'on en a décrit l'espèce. Peu importe qu'on ait affaire à l'aïeul, au père ou au petit-fils. Ce qui nous intéresse leur est commun à tous.

La signification de l'homme, par contre, n'apparaît que lorsqu'il cesse de n'être que le représentant d'une espèce et qu'il se manifeste en tant qu'individu. Je n'ai nullement pénétré la personnalité de M. Durand ou de M. Dupont, lorsque j'ai décrit leur père ou leur fils. Il faut que je connaisse leur propre briographie. Pour qui réfléchit au sens d'une biographie, il apparaît clairement que *chaque homme est en lui-même une espèce*. Il va de soi que, si la biographie n'était que l'assemblage superficiel des événements d'une vie, on pourrait prétendre écrire la biographie d'un chien aussi bien que celle d'un homme. Mais lorsqu'on tient compte de la nature propre d'une personnalité, on voit que la biographie correspond à la description de toute une espèce

76

animale. On peut écrire au sujet d'un animal quelque chose qui ressemble à une biographie, surtout si cet animal est intelligent, cela est évident. Ce qui importe, c'est le fait que la biographie d'un homme ne ressemble pas à celle d'un animal, mais à la description d'une espèce animale. Il se trouvera toujours des personnes pour nous objecter que les propriétaires de ménageries, par exemple, savent combien des animaux appartenant à une même espèce peuvent différer individuellement. Mais ces personnes prouvent qu'elles ne savent pas distinguer entre des différences individuelles et celles qui ne peuvent avoir été acquises que par l'individualité.

Or, si l'espèce, au sens physique, ne peut être comprise que conditionnée par l'hérédité, l'être spirituel ne saurait être, lui, que conditionné par une sorte *d'hérédité spirituelle*. Je ne dois ma forme humaine physique qu'à ma descendance humaine. D'où vient en moi cet élément qui s'exprime dans ma biographie? En tant qu'homme physique, je reproduis la forme de mon ancêtre. Qu'est-ce donc que je reproduis en tant qu'homme spirituel? Celui qui voudrait prétendre que le principe qui se manifeste dans la biographie n'a pas besoin d'explication, et doit être accepté sans discussion, peut aussi bien affirmer avoir vu une motte de terre prendre d'elle-même la forme d'un homme.

En tant qu'être physique, je descends d'autres êtres

physiques, puisque je suis revêtu d'une forme commune à toute l'espèce humaine. Les caractères de l'espèce que je possède peuvent donc avoir été acquis par l'hérédité.

En tant qu'être spirituel, je possède ma propre forme, comme j'ai ma propre biographie. Je ne puis donc avoir hérité cette forme que de moi-même. Et, puisque j'ai apporté en naissant des aptitudes non point indéterminées, mais au contraire bien définies, et qui ont déterminé le cours de ma vie comme en témoigne ma biographie, le travail que j'ai accompli sur moi-même ne peut pas n'avoir commencé qu'à ma naissance. Il faut, qu'en tant qu'homme spirituel, j'aie existé avant ma naissance. Je ne puis avoir vécu dans mes ancêtres, car leur être spirituel diffère du mien. Leur biographie n'explique pas la mienne. Il faut qu'en tant qu'être spirituel, je sois la reproduction d'un être de même nature que moi, dont la biographie explique la mienne. *A première vue*, il pourrait exister un seul autre cas : l'être que dévoile ma biographie ne devrait son développement qu'à une vie spirituelle qui se serait écoulée *avant* ma naissance (ou plutôt avant la conception). Or, cette idée ne serait fondée que si l'on admettait que l'action exercée sur l'âme humaine par le milieu physique est de même nature que l'influence que l'âme reçoit d'un monde purement spirituel. Cette supposition contredit l'observation exacte des faits, car les influences déterminantes du milieu physique s'exercent sur l'âme humaine comme une expérience postérieure agit sur une expérience antérieure de même ordre, faite au cours de la vie physique.

Pour bien observer ces rapports, il faut savoir discerner, dans la vie humaine, certaines impressions actives qui peuvent agir sur les dispositions de l'âme, comme le fait de se trouver placé devant un acte à accomplir agit sur les facultés qu'on a déjà développées au cours de sa vie physique. Seulement ces impressions n'agissent pas sur des facultés que nous avons déjà exercées durant la vie présente, mais sur des prédispositions de l'âme qui peuvent être impressionnées, comme les facultés acquises. Lorsqu'on pénètre cette question, on en arrive à se représenter des vies terrestres antérieures à notre existence présente. La pensée ne peut s'arrêter à une vie purement spirituelle ayant précédé l'existence terrestre actuelle. Schiller devait à ses ancêtres sa forme physique, mais, pas plus que celle-ci, son entité spirituelle n'a pu sortir de terre. Elle doit être le renouvellement d'une autre entité spirituelle dont la biographie explique la sienne, comme la reproduction humaine explique la forme physique de Schiller. Par conséquent, de même que la forme physique est une continuelle répétition, une continuelle réincarnation de l'entité humaine considérée comme espèce, de même l'homme spirituel doit être une réincarnation du *même* homme spirituel. Car, en tant qu'homme spirituel, chacun de nous constitue sa propre espèce.

On pourrait nous objecter que ce ne sont là que des raisonnements, et exiger de nous des preuves extérieures comme celles auxquelles la science naturelle nous a accoutumés. A cela, nous répondrons que la réincarnation de l'homme spirituel est un fait spirituel qui n'appartient pas au domaine des faits physiques extérieurs, mais à un domaine absolument spirituel. Et seule de toutes nos facultés spirituelles *ordinaires*, la *pensée* a accès à ce domaine. Pour qui n'a pas confiance en la force de la pensée, le monde des faits spirituels supérieurs reste incompréhensible.

Celui dont l'œil spirituel s'est ouvert, trouve au raisonnement précédent une force absolument égale à celle qu'aurait un phénomène se déroulant devant ses yeux physiques. Lorsqu'on accorde plus de valeur à ce que l'on appelle une *preuve*, selon les méthodes propres à la science ordinaire, qu'aux déductions que nous venons de faire concernant la biographie d'un être et sa signification, on peut être, au sens ordinaire du mot, un grand savant ; mais on est très loin des recherches vraiment *spirituelles*.

Vouloir expliquer les qualités spirituelles d'un homme par l'hérédité, c'est faire preuve d'un parti pris des plus graves.

Quels raisonnements pourraient convaincre une personne qui prétendrait, par exemple, que Goethe doit tout ce qui fait le propre de son génie à son père et à sa mère? Cette personne témoignerait d'une antipathie profonde pour une observation sans préjugés. Une suggestion matérialiste l'empêcherait de considérer le phénomène en question sous son vrai jour et dans tous ses rapports. C'est sur un raisonnement comme celui que nous venons de donner que pourra s'étayer notre investigation de l'être humain par delà les limites de la naissance et de la mort. Au sein de ces limites, l'homme appartient aux trois mondes du corps, de l'âme et de l'esprit. L'âme est l'intermédiaire entre le corps et l'esprit du fait qu'elle imprègne le corps animique de la faculté de sentir et, qu'en tant qu'âme consciente, elle pénètre le premier principe spirituel, le Soi spirituel. De ce fait, durant la vie physique, elle participe du corps aussi bien que de l'esprit. Cette participation se manifeste dans toute son existence. De l'organisation du corps animique dépendra le développement des facultés de l'âme sensible. Et de la vie de l'âme consciente dépendra, d'autre part, le degré de développement que pourra atteindre en elle le Soi spirituel. Plus le corps animique sera bien constitué, plus l'âme sensible pourra entrer en rapport avec le monde extérieur. Et plus l'âme consciente lui fournira d'aliments, plus le Soi spirituel pourra devenir riche et puissant. Nous avons montré que ces aliments sont constitués par les expériences élaborées durant la vie et par les fruits qui peuvent en être retirés. L'action réciproque de l'âme et de l'esprit ne peut avoir lieu, bien entendu, que lorsqu'ils se pénètrent l'un l'autre, autrement dit, lorsque l'âme consciente et le Soi spirituel sont unis.

Considérons tout d'abord l'action qu'exercent l'un sur l'autre, le corps animique et l'âme sensible. Le corps animique est, nous l'avons vu, la forme la plus subtile du corps, cependant c'est un corps et il est régi par les lois des corps. Le corps physique, le corps éthérique et le corps animique forment, à un certain point de vue, une unité. C'est pourquoi le corps animique est également régi par les lois de l'hérédité physique qui donne sa forme au corps. Et, étant la forme la plus mobile, la plus fluctuante, en quelque sorte, du corps, il doit manifester les qualités les plus mobiles, les plus fluctuantes de l'hérédité.

Aussi, tandis que le corps physique qui n'est déterminé que par la race, le peuple, la famille est le moins différencié des corps, et que le corps éthérique, bien que présentant une plus grande différenciation entre les individus, n'en témoigne pas moins d'une similitude dominante, le corps animique, lui, nous offre une diversité beaucoup plus grande. En lui, s'exprime déjà la nature *personnelle, extérieure* de l'homme. C'est pourquoi c'est lui qui transmet aux descendants tout ce qui peut être hérité de ce caractère personnel. Il est vrai que l'âme, comme nous l'avons exposé, possède une vie tout à fait personnelle ; elle s'isole dans ses penchants, ses sentiments, ses passions. Cependant, dans son ensemble, elle a une action qui se manifeste aussi dans l'âme sensible. Or, celle-ci, imprégnant, remplissant en quelque sorte, le corps animique, ce corps se conforme à la nature de l'âme et peut, en conséquence, transmettre aux descendants, les penchants les passions, etc. des ancêtres. C'est sur ce fait que reposent les paroles suivantes de Goethe : « J'ai de mon père la stature, la conduite sérieuse de la vie, et de ma petite mère la joyeuse nature et le goût de la fabulation ». Quant à son génie, il ne le doit à personne. Telle est donc la part des qualités de son âme que l'être humain livre pour ainsi dire à l'hérédité physique. Les substances et les forces qui composent le corps physique sont pareilles à celles qui remplissent toute la nature ambiante. Il les y puise sans cesse et les lui restitue. Dans l'intervalle de quelques années, les substances qui composent notre corps se trouvent complètement renouvelées. C'est le corps éthérique qui donne à la masse de ces substances la forme du corps humain et qui préside au renouvellement continuel de celle-ci. Et cette forme n'est pas uniquement déterminée par les phénomènes qui se déroulent de la naissance — ou de la conception — à la mort, elle est régie par les lois de l'hérédité qui dépassent la naissance et la mort. La possibilité d'une transmission des qualités de l'âme, la coloration psychique donnée à l'hérédité physique sont dues à l'influence exercée par l'âme sensible sur le corps animique.

Voyons maintenant comment s'opère l'action réci-proque de l'âme sur l'esprit et de l'esprit sur l'âme ? Nous avons dit de quelle manière ils sont unis durant la vie. L'âme reçoit de l'esprit le don de vivre dans le Vrai et dans le Bien, de manifester l'esprit dans ses penchants, ses instincts, et ses passions. Le Soi spirituel apporte au « moi » les lois éternelles du Vrai et du Bien qui régissent le monde de l'esprit. Ces lois se rattachent par l'intermédiaire de l'âme consciente aux expériences de la vie animique personnelle qui, elles-mêmes tran-sitoires, portent des fruits durables. Le fait de leur avoir été rattaché donne à l'esprit une impression permanente. Lorsqu'il se trouve devant une expérience analogue à celle qu'il a déjà faite, il reconnaît en elle, l'élément sem-blable et sait quelle conduite tenir à son égard mieux que s'il la rencontrait pour la première fois. C'est sur ce fait que repose toute possibilité de s'instruire. Les fruits de nos expériences, ce sont nos facultés acquises. C'est ainsi que l'esprit récolte les fruits de sa vie transi-toire. Ne reconnaissons-nous pas ces fruits en nous-mêmes ?

D'où proviennent les facultés qui caractérisent, avons-nous vu, l'homme spirituel ; les dispositions que

nous apportons en naissant ? A un certain point de vue,
elles ressemblent absolument à celles que nous acquérons pendant la vie. Considérons le génie, par exemple.
On sait que Mozart sut transcrire, de mémoire, une
longue œuvre musicale qu'il n'avait entendue qu'une
fois. Il n'en fut capable que parce qu'il sut, d'un coup
d'œil, embrasser l'ensemble de cette œuvre. Nous développons jusqu'à un certain point, durant la vie notre
faculté d'embrasser les ensembles, de pénétrer ies rapports des choses entre elles de manière à acquérir de
nouvelles facultés.

Lessing n'a-t-il pas dit de lui-même qu'il avait acquis,
grâce au don d'observation critique qu'il possédait,
quelque chose qui ressemblait au génie ?

Si on ne veut pas considérer ce genre de facultés qui
dérivent de prédispositions comme des miracles, il faut
y voir les fruits d'expériences que le Soi spirituel a
faites par l'intermédiaire d'une âme. Il s'en est imprégné.
Et puisqu'il n'a pas fait ces expériences dans cette
vie-ci, il faut qu'il les ait faites dans une vie antérieure.
L'esprit humain forme une espèce en soi. Et de même
que l'homme, en tant que représentant d'une espèce
physique, hérite des caractères de celle-ci, de même
l'*Esprit* doit hériter de *son* espèce, c'est-à-dire de lui-
même.

*L'esprit humain apparaît dans la vie comme une repro-
duction de lui-même, enrichie des fruits des expériences*

passées, faites au cours de vies antérieures. Notre existence actuelle est donc une répétition d'autres existences : elle apporte avec elle les acquisitions nouvelles que l'esprit a faites durant sa vie antérieure. Lorsque le Soi spirituel recueille une expérience qui peut devenir féconde, il se pénètre de l'esprit de vie. Comme le corps vital transmet la forme de l'espèce, ainsi l'esprit de vie transmet l'âme d'une vie personnelle à la suivante.

Les considérations qui précèdent justifient la conception d'après laquelle il faut chercher dans la réincarnation la cause de certains phénomènes de la vie.

Cependant, seule l'observation qui se base sur certaines connaissances spirituelles dont le mode d'acquisition sera indiqué à la fin du présent ouvrage, donnera à cette conception toute sa valeur. Ici nous avons seulement voulu montrer que l'observation ordinaire guidée par la pensée nous conduit déjà à cette conception. Sans doute n'en donnera-t-elle que les grandes lignes et ne saura-t-elle pas la défendre absolument contre les objections d'une observation peu exacte et que la pensée dirige mal. Cependant il est juste de dire qu'en atteignant à cette conception au moyen de l'observation pensante ordinaire, on se prépare à l'observation suprasensible. On développe en soi, en quelque sorte, un organe que la vision suprasensible implique, comme la vision implique l'œil. Prétendre que la vision suprasensible qui reposerait sur une semblable conception pour-

rait n'être qu'une suggestion, ce serait prouver son incapacité à aborder directement la réalité des choses et se
suggérer à soi-même des objections.

*
* *

Nous venons de voir que les expériences de l'âme se
perpétuent au delà des limites de la naissance et de la
mort. Mais l'âme ne communique pas seulement le
résultat de ses expériences à l'esprit qui s'éveille en elle,
elle l'imprime également, nous l'avons vu (page 67),
au monde extérieur par *l'acte*. L'action que l'homme
a accomplie hier, se continue aujourd'hui par ses effets.
L'analogie du sommeil et de la mort, nous donne une
image du rapport qui s'établit entre la cause et l'effet
dans ce domaine. On a souvent appelé le sommeil le
frère cadet de la mort.

Je m'éveille le matin. Mon activité a été interrompue
par la nuit. Si les conditions sont normales, je suis obligé
de la reprendre d'une certaine manière, mes actions
d'hier conditionnant celles qui m'attendent aujourd'hui ;
elles ont créé ma destinée de ce jour. Pendant un moment
je me suis éloigné de mon activité, mais nous sommes liés
et elle me ramène à elle. Mon passé reste uni à moi ; il
se continue dans mon présent, et me suivra dans mon
avenir. Je ne me serais pas *réveillé* ce matin, j'aurais
été recréé du néant, si les effets de mes actions d'hier

87

ne déterminaient pas ma destinée d'aujourd'hui. Ne serait-il pas absurde, toutes conditions étant normales, que je n'habite pas la maison que je me suis fait construire ?

L'homme n'est pas recréé le matin à son réveil, l'esprit ne l'est pas davantage lorsqu'il rentre dans la vie. Représentons-nous clairement ce qui se passe à ce moment-là. Un corps physique apparaît dont la forme est déterminée par les lois de l'hérédité. Ce corps devient porteur d'un esprit qui répète, sous une forme nouvelle, une existence passée. Entre l'esprit et le corps se trouve l'âme, celle-ci poursuit une vie qu'elle délimite et enferme.

Ses penchants, ses désirs, ses passions la servent ; elle asservit aussi la pensée. Comme âme sensible, elle reçoit les impressions du monde extérieur, elle les transmet à l'esprit afin qu'il en récolte les fruits pour la durée. Son rôle est d'être médiatrice et il faut qu'elle le soit. Le corps élabore les impressions, l'âme les transforme en sensations, les conserve dans le souvenir sous forme de représentations et les transmet à l'esprit, pour qu'il les emporte dans la durée. C'est l'âme, en réalité, qui attache l'homme à son existence terrestre. Par son corps, il appartient à l'espèce humaine, il en fait partie. Par son esprit, il vit dans un monde supérieur. L'âme réunit temporairement ces deux mondes.

Or, le monde physique, dans lequel l'esprit humain

pénètre, ne lui est pas inconnu. Il y trouve gravées les traces de ses actions passées. Une portion de ce monde lui appartient, elle porte l'empreinte de son être, elle lui est apparentée. L'âme a jadis communiqué à l'esprit les impressions du monde extérieur, afin qu'en lui elles deviennent durables. Parallèlement, en sa qualité d'organe de l'esprit, l'âme transforme ses facultés en actes, qui deviennent également durables dans leurs effets. L'âme a donc pénétré dans ces actes. Dans leurs effets, elle poursuit une seconde vie indépendante. Cette notion peut nous inciter à étudier la manière dont le destin se manifeste dans la vie. Tel événement nous surprend. Notre première pensée sera de le considérer comme dû à un «hasard ». Cependant, nous nous rendons compte que nous sommes nous-même le fruit de ces « hasards ». Si à quarante ans nous nous examinons et si, sans nous laisser arrêter par une conception vide et abstraite du Moi, nous cherchons à saisir la nature de notre âme, nous pourrons nous dire : « Que sommes-nous d'autre que le fruit des événements du destin qui nous ont « surpris » ? Ne serions-nous pas tout différents si, à vingt ans par exemple, il ne nous était arrivé toute une série de choses »? Alors nous ne chercherons plus seulement notre « Moi » dans les impulsions qui nous viennent du dedans et qui contribuent à notre développement, nous le chercherons aussi dans les événements qui nous viennent de l'extérieur et qui impressionnent notre vie. Dans ce qui nous « arrive » nous reconnaîtrons notre propre Moi. Livrons nous, sans parti pris, à la notion que nous venons ainsi de nous former, il ne faudra qu'un pas de plus dans l'observation intime de la vie, pour que nous reconnaissions dans les événements du destin quelque chose d'analogue au souvenir, mais qui agit sur le Moi du dehors pour réveiller un événement du passé, tandis que le souvenir agit du dedans. Nous nous rendons aptes, ainsi, à distinguer dans l'événement que nous apporte le destin la route que suit une action antérieure de l'âme pour atteindre le Moi, de même que nous distinguons dans le souvenir la voie par laquelle un événement passé atteint la représentation, lorsqu'une provocation extérieure l'y incite. Nous avons parlé plus haut, comme d'une conception « possible », des effets que pourraient avoir pour l'âme humaine les actions qu'elle a accomplies. Certains effets ne peuvent pas l'atteindre dans la même vie terrestre. Celle-ci ayant été spécialement disposée pour l'action, qui constitue en elle l'expérience. L'*effet* de cette action n'a pas pu s'y manifester, pas plus que nous ne pouvons nous souvenir d'un événement pendant qu'il s'accomplit. Il ne peut s'agir dans ce cas que des conséquences d'un acte qui atteignent le Moi, lorsque ses facultés ne sont plus celles qu'il possédait dans la vie, où il l'a exécuté.

Ces facultés sont donc issues de vies passées. Ainsi, lorsqu'un événement du destin paraît nous «surprendre» et que nous sentons qu'il est rattaché à notre moi comme le souvenir qui surgit en nous « du dedans », nous devons penser que nous avons affaire aux effets d'actes que nous avons accomplis dans une existence antérieure. Voilà comment une observation intime de la vie, dirigée par la pensée, nous conduit à une conception paradoxale pour la conscience ordinaire, conception d'après laquelle la destinée d'une vie terrestre dépend des actions accomplies dans des existences antérieures. Cette idée ne prendra, elle aussi, toute sa valeur que lorsque la connaissance suprasensible sera venue s'y ajouter; d'ici là elle restera schématique. Mais, acquise par la conscience ordinaire, elle aussi préparera l'âme à la vision réelle suprasensible qui en reconnaîtra la vérité.

Une partie seulement de mon action est dans le monde extérieur, l'autre est en moi-même. Une simple comparaison, tirée de la science naturelle, nous éclairera sur le rapport existant entre le moi et l'acte. Certains animaux ont, à un moment donné, émigré dans les cavernes du Kentucky. L'existence dans ces cavernes obscures leur a fait perdre la vue. L'activité physique et chimique, inhérente aux yeux pendant la vision a cessé chez eux. Le courant nutritif, qui était jadis absorbé par cette fonction, a pris désormais la direction d'autres organes. Ces animaux ne peuvent plus vivre que dans des cavernes. Par leur action, par leur émigration, ils ont créé les conditions de leur existence future. Leur émigration est devenue partie de leur destinée. L'être, qui a agi jadis, s'est lié aux effets de ses actes. Il en est de même de l'esprit humain. L'âme n'a pu lui transmettre certaines facultés qu'en agissant. Et les facultés transmises correspondent aux actes. L'acte accompli par l'âme crée en elle une disposition dynamique à accomplir un autre acte qui sera le fruit du premier. Et l'âme porte en soi cette disposition comme une nécessité, jusqu'à ce que l'acte soit exécuté. On peut dire aussi qu'un acte imprime à l'âme la nécessité d'en accomplir un autre qui soit la conséquence du premier.

L'esprit humain prépare réellement sa destinée par ses actes. Il se trouve lié dans une vie par ce qu'il a fait dans sa vie antérieure. On pourrait se demander comment cela est possible puisque le monde dans lequel il pénètre, en se réincarnant, est tout différent de celui qu'il a jadis quitté? Cette question s'inspire d'une conception toute superficielle des enchaînements de la destinée. Si je transporte mon champ d'action d'Europe en Amérique, je me trouverai dans un milieu tout nouveau. Cependant mon existence en Amérique dépendra complètement de celle que j'aurai menée en Europe. Elle sera toute différente selon que j'aurai été mécanicien ou employé de banque. Dans le premier cas, je serai, sans doute, en Amérique, entouré de machines, dans le second d'établissements financiers.

Une vie passée détermine mon milieu, elle attire, en quelque sorte, de l'ensemble du monde ambiant, les choses qui lui sont apparentées ; et l'on peut utilement comparer la mort au sommeil, parce que pendant que nous dormons nous nous éloignons du théâtre où nous attend notre destinée. Pendant notre sommeil, les événements se poursuivent sur ce théâtre sans que nous ayons d'action sur leur cours. Et cependant notre vie le jour suivant dépendra des conséquences qu'auront nos actions de la veille. Notre personnalité se réincarne chaque matin à nouveau dans le monde de nos actions. Séparé de nous pendant la nuit, ce monde s'étale, en quelque sorte, autour de nous durant le jour.

Il en est de même des actions accomplies par nous, dans nos vies antérieures. Elles nous sont attachées, elles sont notre destinée comme la vie dans les cavernes obscures reste liée aux animaux qui ont perdu la vue en y émigrant. Et, de même que ceux-ci ne peuvent vivre que dans le milieu qu'ils se sont donné eux-mêmes, l'esprit humain ne *peut* vivre que dans le milieu qu'il s'est créé lui-même par ses actions. Le cours naturel des événements se charge de me faire retrouver chaque matin, la situation que j'ai moi-même créée la veille. Je dois à la parenté de mon esprit réincarné avec les choses du monde environnant de retrouver dans une nouvelle existence un milieu qui réponde aux données de mes actions passées. Ceci nous donne une idée de la manière dont l'*âme* est reliée à l'être humain. Le corps physique est régi par les lois de l'hérédité. L'esprit humain, par contre, doit continuellement se réincarner, et la loi qui le régit l'oblige à emporter dans les existences suivantes, les fruits des existences antérieures. L'âme vit dans le présent. Elle n'est cependant pas indépendante des vies passées. L'esprit qui se réincarne apporte de ses vies passées, sa destinée. Et celle-ci détermine sa vie nouvelle. Les impressions que l'âme pourra avoir, les souhaits qu'elle pourra satisfaire, les joies et les peines qui lui échoieront, les personnes qu'elle rencontrera, tout cela dépendra des actions qui auront été accomplies dans les incarnations antérieures de l'esprit. L'âme devra retrouver les personnes avec lesquelles elle a été en rapport dans une existence antérieure, parce que les rapports qui ont existé entre elles entraînent forcément certaines conséquences. Les âmes de ces personnes tendront aussi à renaître en même temps qu'elle. La vie de l'âme est donc une donnée de la destinée que l'esprit humain a créée lui-même. Trois facteurs conditionnent la vie de l'homme entre la naissance et la mort, et ces facteurs sont eux-mêmes indépendants de la naissance et de la mort. La loi de *l'hérédité* régit le corps ; la destinée que l'homme a créée lui-même, régit l'âme, on l'appelle son *Karma*. Et l'esprit est régi par la loi de la *Réincarnation*. On peut, conformément à ce qui précède, exprimer comme suit les rapports

94

du corps, de l'âme et de l'esprit. L'esprit est immortel ; la naissance et la mort régnent sur le corps, selon les lois du monde physique ; la vie de l'âme, soumise à la destinée, établit le rapport de l'esprit et du corps pendant une incarnation terrestre. Toute connaissance ultérieure concernant l'être humain présuppose celle des « Trois Mondes » auxquels il appartient. Nous allons donc les étudier à présent.

Tout esprit pensant qui observe les phénomènes de la vie et qui ne craint pas de poursuivre, jusque dans leurs dernières conséquences, les pensées que lui inspire une observation vivante de ces phénomènes, *peut* par la seule logique atteindre l'idée de la Réincarnation et la loi de la destinée.

S'il est vrai que pour le voyant dont « l'œil spirituel » s'est ouvert, les *événements* des vies antérieures s'étalent comme dans un livre ouvert, il n'est pas moins vrai que la *vérité* de cette idée est accessible à la *raison* (1).

-----

(1) Comparez avec « Remarques et Additior. » à la fin du volume.

LES TROIS MONDES

I. — LE MONDE DES AMES.

L'étude de l'homme nous a montré qu'il appartient à trois mondes. Le Monde des formes physiques lui fournit les substances et les forces qui édifient son corps. Il connaît ce monde par les perceptions de ses sens physiques extérieurs. Si l'on ne se fiait qu'à ces sens seuls et si l'on ne développait exclusivement que les facultés de perception qui s'y rattachent, on ne saurait jamais rien des deux autres mondes, les mondes *psychique* et *spirituel*. Nous ne pouvons nous convaincre de la réalité d'une chose ou d'un être que si nous possédons l'organe de perception, le sens approprié. Le fait d'appeler les organes de perception supérieure des *sens* spirituels pourrait donner lieu à une confusion. Car, involontairement, on rattache au mot « sens » la pensée de « sens physiques ». Ne désigne-t-on pas précisément le monde physique sous le nom de monde « sensible », par opposition au monde spirituel? Afin d'éviter toute erreur, disons qu'il n'est question ici de « sens supérieurs », que par comparaison, que dans un sens figuré. Comme les sens physiques perçoivent le monde physique, ainsi les sens psychiques et spirituels perçoivent les mondes de l'âme et de l'esprit. Nous n'emploierons le mot de « sens » que pour désigner un « organe de perception ». L'homme n'aurait aucune connaissance de la lumière et de la couleur s'il n'avait pas un œil qui perçoit la lumière ; il ignorerait tout des sons s'il ne possédait une oreille capable de les percevoir. Le philosophe allemand Lotze dit avec raison : « sans un œil percevant la lumière et une oreille percevant le son, le monde entier serait obscur et muet. Il n'y aurait pas plus de lumière et de son en lui, qu'il ne saurait y avoir de mal de dents sans un nerf dentaire sensible à la douleur ». Pour se rendre compte de la portée réelle de ce qui précède, il suffit de se représenter combien le monde doit paraître différent aux animaux inférieurs qui ne possèdent qu'un certain sens diffus du toucher. La lumière, la couleur et le son ne peuvent en aucun cas exister pour ces animaux dans le même sens où ils existent pour les animaux doués d'yeux et d'oreilles.

Les vibrations de l'air que détermine un coup de fusil peuvent les influencer lorsqu'elles les atteignent. Pour que ces vibrations donnent à l'âme la sensation d'un bruit, il faut une oreille. Et pour que certains phénomènes qui se jouent dans la substance subtile, qu'on appelle éther, se traduisent par de la lumière et des couleurs, un œil est nécessaire. L'homme ne connaît un être ou une chose que dans la mesure où ils influencent l'un de ses organes. Goethe a merveilleusement exprimé ce rapport de l'homme avec le monde de la réalité lorsqu'il a dit : « En somme, nous essayons en vain d'exprimer la nature d'un objet. Nous en percevons des *effets* et l'histoire complète de ceux-ci en embrasserait sans doute la nature. C'est en vain que nous essayons de dépeindre le caractère d'une personne, mais si, par contre, nous réunissons tous ses faits et gestes, une image de son caractère surgira. Les couleurs sont des actes de la lumière, des actes et des souffrances... La couleur et la lumière ont entre elles, il est vrai, un rapport précis, mais nous devons nous les représenter comme appartenant l'une et l'autre à la Nature entière ; car c'est celle-ci qui cherche à se révéler par leur intermédiaire au sens particulier de la vue. La Nature se révèle de même à un autre sens... Ainsi la Nature se penche vers d'*autres sens* — vers des sens connus, *méconnus, inconnus* — et leur parle ; ainsi elle se parle à elle-même et elle nous parle par mille phénomènes. *Pour l'homme attentif elle n'est nulle part ni morte, ni muette...* »

On interpréterait à tort cette pensée de Goethe si on croyait qu'il met en doute la possibilité de connaître la *nature* de l'objet. Goethe ne veut pas dire qu'on n'en perçoive que l'effet et que sa nature demeure cachée derrière celui-ci. Il entend bien plutôt qu'il ne faut pas parler de la « nature cachée » d'un objet ; car, loin de se dissimuler derrière ses effets, elle se révèle par eux. Seulement elle est, en général, si *riche*, qu'elle peut encore se révéler à d'autres sens, sous d'autres aspects. *Tout* ce qui s'en manifeste appartient à la nature de l'objet, mais, par suite de la limitation des sens, elle ne peut pas se révéler à nous *toute entière*.

Cette opinion de Goethe est exactement celle que nous adopterons ici dans le domaine de la science spirituelle.

L'œil et l'oreille sont des organes qui se développent dans le corps, afin de percevoir les phénomènes sensibles. L'homme peut de même développer en soi des organes de perception psychique et spirituelle qui lui ouvrent les mondes de l'âme et de l'esprit. A toute personne qui ne possède pas ces organes, ces mondes demeurent « obscurs et muets », comme le monde sensible l'est pour tout être privé d'œil et d'oreille. La position de l'homme à l'égard de ses sens supérieurs est, il est vrai, quelque peu différente de sa position à l'égard des sens physiques. La bonne Mère Nature a soin en général, de développer en lui ces derniers, sans sa participation. Par contre, il faut qu'il travaille lui-même au développement de ses sens supérieurs. Il doit former son âme et son esprit, s'il veut percevoir leurs mondes, comme la Nature a formé son corps pour qu'il puisse connaître le monde physique et s'y orienter. Ce développement d'organes supérieurs, que la Nature n'a pas elle-même formés, n'est cependant pas anti-naturel ; car, *dans un sens supérieur*, tout ce que fait l'homme appartient aussi à la Nature. Seul celui qui nous refuserait le droit de dépasser le degré d'évolution que nous octroie la Nature, pourrait considérer l'acquisition de sens supérieurs comme anti-naturelle. Il « méconnaîtrait », selon l'expression de Goethe, la signification de ces sens. Mais alors il devrait combattre également toute éducation qui a pour but de continuer l'œuvre de la Nature. Et surtout il devrait défendre l'opération des aveugles-nés. Car les conséquences de cette opération ressemblent beaucoup à celles qui résultent du développement des sens supérieurs, selon la méthode que nous indiquons dans la dernière partie du présent ouvrage. Elle nous fait apparaître le monde doué de nouvelles qualités, nous y découvrons des faits et des phénomènes dont les sens physiques ne nous révèlent rien. Il est évident que nous n'ajoutons rien au monde arbitrairement par ces organes, mais que la partie essentielle de la réalité nous demeurerait *cachée* sans eux. Les mondes de l'âme et de l'esprit n'existent pas à *côté* ou *en dehors* du monde physique, ils n'en sont pas séparés dans l'espace.

Pour l'aveugle-né qu'on opère, le monde, obscur jusqu'alors, apparaît lumineux et coloré. De même se révèlent à l'homme *réveillé* psychiquement et spirituellement les qualités subtiles des objets qu'il ne connaissait jusqu'alors que matériellement. Il est vrai que le monde s'enrichit aussi pour lui de phénomènes et d'êtres qui nous demeurent totalement inconnus, tant que notre âme et notre esprit ne sont pas éveillés. (Nous reviendrons ultérieurement, au cours de ce livre, sur le développement des sens psychiques et spirituels. Ici notre intention est de décrire ces mondes eux-mêmes. Nier leur existence revient à déclarer qu'on n'a pas encore développé ses organes supérieurs. L'évolution humaine ne s'arrête pas à tel ou tel degré, elle se poursuit sans cesse.)

Souvent on se figure involontairement les « organes supérieurs » comme trop semblables aux organes physiques. Qu'on se dise bien que ce sont là des formations psychiques et spirituelles et qu'on ne s'attende pas à ne trouver dans les mondes supérieurs qu'une substance nuageuse, raréfiée. Car on n'arriverait pas alors à se faire une idée claire de ce que nous appelons les « mondes supérieurs ». Pour bien des personnes, il serait bien moins difficile qu'il ne l'est effectivement de parvenir à une certaine connaissance tout au moins élémentaire de ces mondes, si elles ne se représentaient pas devoir percevoir quelque chose comme une substance physique plus subtile. Et cette prévention les empêche, en règle générale, d'accepter les choses telles qu'elles sont. Elles les trouvent irréelles, désappointantes, etc.

Certes, les degrés supérieurs de l'évolution spirituelle
sont difficiles à atteindre, mais le développement qui
suffit à reconnaître la nature du monde spirituel — et
c'est déjà beaucoup — ne serait pas d'un accès si difficile, si on se libérait d'abord du parti pris qui consiste
à se représenter les mondes psychiques et spirituels,
comme des mondes physiques plus subtils.

Nous ne connaissons pas complètement une personne
quand nous n'en percevons que l'apparence physique.
Nous ne connaissons pas davantage le monde qui nous
entoure quand nous n'en savons que ce que perçoivent
nos sens physiques. Une photographie nous devient
compréhensible et vivante lorsque nous apprenons à
connaître suffisamment la personne qu'elle représente
pour en pénétrer l'âme. De même nous ne com-
prendrons réellement le monde matériel que lorsque
nous en connaîtrons les fondements psychiques et spirituels. Voilà pourquoi il nous a paru préférable de
considérer d'abord les mondes supérieurs, et d'examiner
ensuite le monde physique au point de vue de la science
spirituelle.

Il est assez difficile de parler des mondes supérieurs
à notre époque. Car la grandeur de notre culture réside
surtout dans la connaissance et la maîtrise du monde
matériel. Celles-ci ont imprimé leur caractère aux mots
de notre langue. Cependant nous sommes obligés d'employer ces mots pour nous rattacher à des faits connus.

Nous ouvrons, ainsi, la porte aux erreurs que pourront commettre ceux qui ne veulent se fier qu'à leurs sens extérieurs. Bien des choses ne peuvent être exprimées qu'en images. Il *faut* qu'il en soit ainsi, car ces images sont un moyen de guider les hommes, vers les mondes supérieurs et de leur en faciliter l'accès. (Dans un chapitre ultérieur nous traiterons de la manière d'accéder aux mondes supérieurs et du développement des organes de l'âme et de l'esprit. Il *faut* que l'homme soit d'abord instruit de ces mondes en images. Il peut ensuite songer à en acquérir la vision directe.)

Les substances et les forces qui composent et règlent notre estomac, notre cœur, nos poumons, notre cerveau, etc., sont issues du monde matériel. Les facultés de notre âme, nos tendances, nos appétits, nos sentiments, nos passions, nos désirs, nos sensations émanent du monde animique. L'âme humaine fait partie de ce monde, comme le corps fait partie du monde matériel physique. On peut dire que le monde animique se distingue de prime abord du monde matériel par la plus grande subtilité, mobilité, plasticité de tous les objets et êtres qu'il contient. Cependant, il faut se rendre compte, en l'abordant, qu'on pénètre dans un monde absolument nouveau par rapport au monde physique. Quand nous disons, par conséquent, qu'il est plus fin, plus subtil que ce dernier, nous n'employons qu'une image approximative, ce qui est totalement différent d'une comparaison au sens propre du mot. Il en est ainsi de tout ce que l'on peut dire du monde de l'âme en usant des mots empruntés au monde matériel. Si l'on tient compte de cette remarque, on peut dire que les formes et les êtres du monde animique sont faits de substances psychiques et régis par des forces psychiques, tout comme les formes et les êtres matériels sont faits de substances physiques et régis par des forces physiques.

Comme l'étendue et le mouvement dans l'espace sont propres aux formes matérielles, l'excitabilité, le désir instinctif caractérisent les choses et les êtres animiques. C'est pourquoi l'on désigne également le monde psychique sous le nom de monde de la convoitise ou du désir. Ces expressions sont empruntées à la vie de l'âme humaine. Il faut noter que tout ce qui réside dans le monde psychique, en dehors de l'âme humaine, diffère autant des forces qui sont en elles que les substances et les forces physiques du monde matériel diffèrent des parties qui composent le corps physique humain. (Les mots instinct, désir, convoitise s'appliquent à la substance du monde animique. Nous appellerons cette substance « astrale ». Si l'on considère plutôt les *forces* du monde animique on peut parler de « l'entité du désir ». N'oublions pas, cependant, que la « substance » et la « force » ne se distinguent pas aussi nettement ici que dans le monde physique. Un instinct peut aussi bien être appelé une « force » qu'une « substance ».)

Quand on voit pour la première fois le monde animique, on est troublé par les différences que ce monde
présente avec le monde physique. Mais il en est de
même lorsque s'ouvre un sens physique précédemment
inactif. L'aveugle-né qu'on opère doit apprendre à
s'orienter dans le monde qu'il ne connaissait que par
le toucher. Il voit d'abord les objets dans son œil, ensuite
il les perçoit en dehors de lui, mais ils lui apparaissent
encore comme peints sur une surface plane. Il n'acquiert
que peu à peu les notions de profondeur, de perspective, etc. Les lois du monde psychique sont foncièrement
différentes de celles du monde physique. D'autre part,
beaucoup de formes animiques sont liées à des formes
appartenant à d'autres mondes. L'âme humaine, par
exemple, est liée au corps et à l'esprit humain. Les
phénomènes qu'on y observe sont, en conséquence,
influencés en même temps par les mondes physique et
spirituel. Il faut tenir compte de ce fait lorsqu'on observe
le monde animique et ne pas prendre pour des lois psychiques ce qui provient d'un autre monde. Supposons
qu'une personne émette un désir, celui-ci sera porté
par une pensée, par une représentation de l'esprit et
obéira à ses lois. Cependant, de même qu'il est possible
d'établir les lois physiques en faisant abstraction des
influences qu'elles subissent du fait de l'activité humaine,
par exemple, on peut également établir les lois propres
au monde animique.

Une différence importante entre les phénomènes psychiques et les phénomènes physiques, c'est que les premiers agissent beaucoup plus intimement les uns sur les autres. Au sein de l'espace physique règne, par exemple, la loi du « choc ». Qu'une boule de billard en mouvement en frappe une autre en repos, et celle-ci se déplacera dans un sens que l'on pourra calculer d'après le mouvement et l'élasticité de la première boule. Dans l'espace animique, l'action réciproque de deux objets qui se rencontrent sera déterminée par leurs qualités intérieures. Elles se pénétreront réciproquement, se fusionneront en quelque sorte, si elles sont apparentées l'une à l'autre. Elles se repousseront, au contraire, si elles s'opposent. Dans le monde matériel, il existe certaines lois définies, d'optique. Les objets éloignés nous apparaissent plus petits, en raison de la perspective. Les arbres éloignés d'une allée, nous semblent plus rapprochés les uns des autres que ceux qui sont près de nous. Dans l'espace psychique, par contre, les distances qui séparent entre eux les objets, qu'ils soient proches ou lointains, apparaissent au clairvoyant déterminées par leur nature intérieure. C'est là une source d'erreurs multiples pour celui qui veut, en pénétrant dans le monde animique, lui appliquer les règles qu'il apporte du monde physique.

Une des premières choses qu'il faut faire pour s'orienter dans le monde de l'âme, c'est d'apprendre à distinguer entre les différentes espèces de productions qu'il

106

présente, comme on distingue dans le monde physique, les corps solides, liquides ou gazeux. Et pour cela il faut connaître les deux forces fondamentales qui lui sont propres. On peut les désigner par les noms de *sympathie* et *d'antipathie*. La manière dont ces forces essentielles agissent sur une production quelconque du monde animique en détermine l'espèce. Nous appelons *Sympathie*, la force par laquelle une forme animique en attire d'autres, cherche à se fondre avec elles, fait valoir sa parenté avec elles. L'*Antipathie* est, au contraire, la force qui fait se repousser les productions psychiques, qui les fait s'exclure mutuellement en affirmant leur caractère individuel. Le rôle qu'une production animique joue dans le monde psychique dépend du degré qu'atteignent en elle ces deux forces. On distingue trois espèces principales de productions animiques. Elles sont déterminées par le rapport précis qui s'établit en elles entre les forces de sympathie et d'antipathie. Celles-ci existent *toutes deux* dans chacune de ces trois espèces. Supposons une forme appartenant à la première espèce. Grâce à la sympathie qui l'anime elle attire d'autres formes de son entourage. Mais, outre cette sympathie, elle contient aussi de l'antipathie qui repousse certains objets environnants. De l'extérieur, cette forme semble n'être animée que par les forces de l'antipathie. Cependant ce n'est pas le cas. Elle renferme aussi celles de la sympathie, mais à un moindre degré. L'antipathie domine. Ces formes jouent dans l'espace psychique un rôle égoïste : elles repoussent beaucoup de choses et n'en attirent que peu avec amour. C'est pourquoi elles ont dans le monde animique l'aspect de formes immuables. La sympathie qu'elles renferment les fait paraître *avides*. Mais cette *avidité* paraît inassouvie, impossible à satisfaire, parce que l'antipathie dominante repousse tant de choses rencontrées qu'elle rend toute satisfaction impossible.

Si l'on veut comparer les formes animiques de cette espèce avec un élément quelconque du monde physique, on peut dire qu'elles correspondent aux corps physiques solides. Nous appellerons cet état de la substance psychique celui du désir brûlant. Dans la mesure où elle est mêlée à l'âme des animaux et des hommes elle détermine en eux les *instincts sensuels* inférieurs, la prédominance des instincts égoïstes.

La seconde espèce de productions psychiques est caractérisée par l'équilibre qu'elles présentent entre les deux forces fondamentales de la sympathie et de l'antipathie. Les formes appartenant à cette espèce sont neutres à l'égard de celles qu'elles rencontrent ; elles paraissent leur être apparentées, sans les attirer ni les repousser particulièrement. Elles n'établissent pas de frontières bien précises entre elles et le monde environnant. Elles permettent continuellement à d'autre formations ambiantes d'agir sur elles. C'est pourquoi on peut les comparer aux substances liquides du monde physique. La manière dont ces formes en attirent d'autres ne ressemble en rien à de la convoitise. Lorsque nous percevons une couleur rouge, par exemple, l'excitation que nous recevons est tout d'abord neutre. C'est seulement lorsque, à cette excitation, s'ajoute le plaisir que nous cause la couleur rouge qu'une nouvelle activité psychique entre en jeu. L'*excitation neutre* est déterminée par les productions animiques chez lesquelles les forces de la sympathie et de l'antipathie s'équilibrent. L'élément psychique que nous envisageons ici est déterminé par sa malléabilité, sa mobilité. Il se meut dans le monde psychique non point marqué, comme la première espèce, par l'égoïsme, mais impressionnable, au contraire, et apparenté à bien des choses qu'il rencontre. On pourrait donc l'appeler : *l'excitabilité ondoyante*. Le troisième degré des productions psychiques est caractérisé par une prédominance de la sympathie sur l'antipathie. L'antipathie se manifeste par l'égoïsme qui cherche à se faire valoir. Mais celui-ci s'efface devant l'attrait des choses ambiantes. Représentons nous une production de cette espèce au sein de l'espace psychique. Elle nous apparaîtra comme occupant le centre d'une sphère d'attraction qui embrasse les objets du monde environnant. Les productions de cette espèce méritent tout particulièrement le nom d'*élément de désir*, appellation que justifie le fait que l'antipathie dont elles témoignent, bien qu'atténuée par la sympathie prépondérante, donne à la force d'attraction qu'elle exerce un caractère personnel, puisqu'elle entraîne dans leur cercle les objets environnants et donne ainsi à la sympathie une couleur égoïste. On peut comparer cet élément du désir à l'élément de l'air dans le monde physique. Comme un gaz qui cherche à se dilater de tous les côtés, l'élément du désir s'étend dans toutes les directions.

Les degrés plus élevés de la substance psychique sont caractérisés par le fait que l'une des forces fondamentales, celle de l'antipathie, rétrograde complètement et que la sympathie seule reste active. Or, celle-ci peut se manifester, en premier lieu, dans les différentes parties de l'être psychique. Ces parties exercent une attraction les unes sur les autres. La force de la sympathie se manifeste au sein d'un être psychique par ce que l'on appelle le *plaisir*. Et toute réduction de cette sympathie est du *déplaisir*. La peine n'est qu'un plaisir atténué comme le froid n'est qu'une moindre chaleur. Plaisir et peine, forment en l'homme le monde des *sentiments* au sens étroit du mot. Le sentiment c'est l'activité intérieure de l'âme. Le bien-être de celle-ci dépend de la manière dont se jouent en elle les sentiments de plaisir et de peine.

Les productions animiques atteignent un degré plus élevé encore, lorsque leur sympathie ne reste pas enfermée dans le domaine de la vie personnelle. Ces trois degrés supérieurs se distinguent, comme le faisait déjà le quatrième, des trois degrés inférieurs en ce que la force de la sympathie n'a pas à y vaincre la force opposée de l'antipathie. Ce n'est que par ces degrés supérieurs de la substance psychique que la multiplicité des productions animiques s'assemble pour former un monde psychique unique. Tant qu'intervient l'antipathie, toute forme psychique tend vers autre chose dans le but de favoriser sa vie personnelle, de s'accroître et de s'enrichir. Lorsque l'antipathie se tait, alors l'autre chose est accueillie comme une révélation, comme un message. Cette forme supérieure de la substance psychique joue dans l'espace psychique, un rôle similaire à celui de la lumière dans l'espace physique. Grâce à elle, une forme animique aspire en quelque sorte l'être et la vie des autres formes en vue de ces formes elles-mêmes. On peut dire aussi qu'elle laisse les formes rayonner sur elle. Ce n'est qu'en puisant ainsi dans les régions supérieures, que les êtres psychiques s'éveillent à la vie véritable de l'âme. Leur lourde vie dans les ténèbres s'ouvre vers l'extérieur, et se met à luire et à rayonner elle-même dans l'espace psychique ; les activités rudimentaires et sourdes de la vie intérieure qui, tant qu'elles ne possédaient que les éléments des trois régions inférieures, cherchaient à s'isoler par l'antipathie, se transforment en une force et en une activité qui jaillissent de l'intérieur et se déversent à

flots au dehors. L'excitabilité fluide de la deuxième
région n'agit qu'au moment de la rencontre des formes.
Celles-ci se fusionnent il est vrai. Mais le *contact* leur
est encore nécessaire. Dans les régions supérieures, les
êtres déversent les uns dans les autres, dans une liberté
souveraine, leur rayonnement et leur essence. (On peut
à bon droit, employer le terme de « rayonnement »
pour caractériser cette région, car la sympathie qui s'y
développe est de nature à justifier l'emploi symbolique
d'une expression empruntée à l'action de la lumière.)
Comme le ferait une plante privée de jour au fond d'une
cave, les formes animiques s'étioleraient sans l'élément
vivifiant des régions supérieures. La lumière, la force
active et la vie psychique proprement dites sont particulières à ces régions qui les communiquent aux
êtres psychiques.

Il faut donc distinguer dans le monde des âmes,
trois régions inférieures, trois régions supérieures et
une région intermédiaire. Il en résulte la subdivision
suivante de ce monde :

     1. Région du désir brûlant,
     2. Région de l'excitabilité fluide.
     3. Région des vœux,
     4. Région du sentiment,
     5. Région de la lumière psychique,
     6. Région de la force psychique,
     7. Région de la vie psychique.

Dans les trois premières régions les productions animiques doivent leurs caractères aux rapports de l'antipathie et de la sympathie ; dans la quatrième région la sympathie s'élabore au sein de la formation animique elle-même ; dans les trois régions supérieures la force de la sympathie se libère de plus en plus, les substances de cette région deviennent rayonnantes, vivifiantes et circulent dans l'espace psychique; éveillant les êtres qui sans cela se perdraient dans leur vie égoïste.

Il va sans dire que ces sept subdivisions du monde de l'âme ne représentent pas des domaines isolés entre eux. Comme les corps solides, liquides et gazeux dans le monde physique, le désir brûlant, l'excitabilité fluide et les forces du monde des vœux se pénètrent réciproquement. Et comme dans le monde physique la chaleur imprègne les corps, comme la lumière les éclaire, le plaisir et la peine, la lumière de l'âme pénètrent et illuminent l'âme dans son domaine. Il en est de même de la force psychique et de la vie psychique proprement dites.

L'âme est l'intermédiaire entre l'Esprit de l'Homme et son corps. Ses forces de sympathie et d'antipathie qui, selon les rapports qu'elles présentent entre elles, produisent les différentes manifestations de l'âme : convoitise, excitabilité, désir, plaisir, peine, etc., n'interviennent pas seulement dans les rapports des formes animiques entre elles mais s'exercent aussi sur les entités des autres mondes, — les mondes physique et spirituel. Pendant son séjour dans le corps, l'âme participe en une certaine mesure à tout ce qui s'y passe. Lorsque toutes ses activités s'accomplissent régulièrement, l'âme éprouve du bien-être ; lorsqu'elles sont troublées, du malaise ; alors apparaît la souffrance. L'âme participe d'autre part aux activités de l'esprit : telle pensée la remplit de joie, telle autre d'horreur, un jugement exact provoque son approbation, un jugement faux sa désapprobation. Le degré de développement d'un homme dépend des inclinations de son âme. Plus celles-ci s'harmonisent avec celles de l'esprit, plus l'âme est parfaite ; plus elles cherchent dans le corps leur satisfaction, plus elle est imparfaite.

L'Esprit est le noyau de l'Homme, le corps est l'intermédiaire par lequel l'esprit contemple et connaît le monde physique et par lequel il agit dans ce monde. Mais l'âme est la médiatrice entre le corps et l'esprit. Elle extrait, de l'impression physique que les vibrations de l'air font à l'oreille, la sensation du son et elle éprouve du *plaisir* à ce son. Elle communique tout cela à l'esprit qui atteint ainsi à la *compréhension* du monde physique. La pensée qui naît dans l'esprit, se traduit dans l'âme par le *désir* de la réaliser et ne devient une action que par cette voie et à l'aide de l'instrument du corps. Or, l'homme n'accomplit sa destinée que lorsqu'il permet à l'esprit de diriger toutes ses actions. *D'elle-même* l'âme peut porter ses inclinations aussi bien vers le corps que vers l'esprit. Elle allonge, pour ainsi dire, ses tentacules vers le monde physique aussi bien que vers le monde spirituel. En pénétrant dans le monde physique, sa propre nature se trouve colorée par celle de ce monde. Or, l'esprit ne pouvant agir dans le monde physique que par l'intermédiaire de l'âme, il se trouve de ce fait influencé lui-même. Ses idées sont attirées vers le monde physique par les forces de l'âme. Considérons l'homme peu développé. Les inclinations de son âme sont liées aux fonctions de son corps. Il n'éprouve de plaisir qu'aux impressions que le monde physique fait à ses sens. Et sa vie spirituelle se trouve, par là, attirée elle-même toute entière dans cette sphère. Les pensées ne servent qu'à la satisfaction de ses besoins matériels.

A mesure que le Soi spirituel, évolue d'incarnation en
incarnation, il faut qu'il reçoive de plus en plus ses
directions de la sphère spirituelle. La connaissance doit
être déterminée par l'esprit de Vérité éternelle, son action
par le Bien éternel.

En tant que phénomène du monde physique, la
mort représente une modification dans les fonctions
corporelles. Le corps cesse d'être, par son fonctionne-
ment, l'instrument de l'âme et de l'esprit. Il apparaît,
de plus, entièrement soumis au monde physique et à ses
lois ; dans ce monde physique, il se dissout. Seuls les
phénomènes physiques qui attendent le corps après la
mort sont accessibles aux sens physiques. Le sort réservé
à l'âme et à l'esprit leur échappe. Même, durant la vie,
l'âme et l'esprit ne peuvent être perçus par les sens
physiques que dans la mesure où ils s'expriment dans des
phénomènes matériels. Après la mort, ce moyen d'expression disparaît. C'est pourquoi l'observation par les
sens physiques et la science dont elle est la base, sont
sans valeur après la *mort*. Une connaissance supérieure
qui repose sur l'observation des phénomènes des mondes
de l'âme et de l'esprit intervient alors.

L'esprit une fois séparé du corps ne demeure pas
moins attaché à l'âme. Et, de même que le corps l'enchaîne au monde physique durant la vie terrestre, l'âme
le lie au monde animique. Mais son essence véritable
ne doit pas être cherchée là. Le monde des âmes ne

116

doit servir qu'à le relier à son champ d'action qui est le monde physique. Pour reparaître dans une nouvelle incarnation sous une forme plus parfaite, il doit puiser de la force et de l'énergie dans le monde spirituel. Mais il se trouve entravé par l'âme dans le monde physique. Il est lié à une formation psychique, elle-même pénétrée, colorée par la nature physique et il se trouve, de ce fait, entraîné lui-même vers celle-ci. Après la mort, l'âme n'est plus attachée au corps, mais seulement à l'esprit. Elle vit dans un milieu psychique. Seules les forces de ce milieu peuvent, par conséquent, agir sur elle. Et l'esprit se trouve lié à cette vie de l'âme dans le monde psychique, comme il était lié au corps, durant son incarnation physique.

Le moment de la mort du corps est déterminé par les lois qui régissent celui-ci. D'une façon générale, il ne faut pas dire que l'âme et l'esprit abandonnent le corps, mais que le corps leur rend la liberté, lorsque ses forces ne peuvent plus s'exercer dans le sens d'une organisation humaine. Un rapport semblable existe entre l'âme et l'esprit. L'âme laisse fuir l'esprit vers le monde supérieur, spirituel, lorsque ses forces ne sont plus capables de s'exercer dans le sens d'une organisation psychique humaine. L'esprit se trouve affranchi à l'instant même où l'âme abandonne à la dissolution tout ce qui en elle ne trouve à se réaliser que dans le corps ; seuls demeurent les éléments de l'âme qui peuvent survivre avec l'esprit. Ceux-ci peuvent devoir leur existence à la vie dans le corps, mais ils appartiennent à l'esprit et constituent le fruit de l'incarnation. Ils rattachent l'âme à l'esprit dans le monde purement spirituel. Pour connaître la destinée de l'âme après la mort, il faut donc considérer son processus de dissolution. Elle avait pour tâche de tourner l'esprit vers le monde physique. Dès l'instant où cette tâche est accomplie, elle se tourne elle-même vers le monde spirituel. Etant donnée la nature de cette tâche, dès que le corps l'a abandonnée et que, par conséquent, elle ne peut plus jouer son rôle de *médiatrice*, elle ne devrait plus avoir, à vrai dire, qu'une activité spirituelle. C'est ce qui arriverait si, durant sa vie dans le corps, elle n'avait été influencée par lui, attirée vers lui. Sans cette coloration due à son séjour dans le corps physique, elle obéirait, aussitôt après la mort, aux seules lois du monde animique et spirituel et perdrait toute attache avec le monde sensible. Il faudrait pour cela que l'homme perdît avec la mort tout intérêt pour le monde terrestre, que toutes les passions, tous les désirs issus de l'existence qu'il abandonne, fussent satisfaits. Dans la mesure où cela n'est pas, les passions, les désirs inassouvis demeurent attachés à l'âme.

Pour éviter toute confusion, il faut distinguer soigneusement entre les causes qui enchaînent l'homme au monde terrestre mais qui pourront être effacées dans une incarnation future, et celles qui l'attachent à *une* incarnation déterminée, notamment la dernière. Les premières causes seront détruites par la loi de la destinée, le Karma ; les secondes ne peuvent l'être qu'après la mort. L'esprit humain traverse, après la mort, une période pendant laquelle l'âme détruit en soi les penchants qui l'attirent vers l'existence physique, afin de ne plus obéir qu'aux lois du monde animique et spirituel et de libérer l'esprit. Il est naturel que cette période soit d'autant plus longue que l'âme est plus attachée au monde physique. Elle sera courte chez l'homme qui a peu tenu à la vie physique, longue pour celui dont tous les intérêts ont été liés à cette vie, en sorte qu'à sa mort, des passions, des désirs nombreux peuplent encore son âme.

Pour faciliter la compréhension de l'état de l'âme pendant les premiers temps qui suivent la mort, représentons-nous le cas suivant : Prenons un exemple assez grossier, les jouissances d'un gourmet. Il ne connaît que les plaisirs de la table. Le plaisir en lui-même, bien entendu, n'est pas physique mais psychique. C'est dans l'âme que vit la jouissance, comme aussi le désir de la jouissance. Mais, pour la *satisfaire*, les organes physiques, le palais, etc., sont indispensables. Or, après la mort, l'âme ne perd pas immédiatement ses désirs, mais elle ne possède plus les organes matériels nécessaires à leur satisfaction. Il en est alors — pour une raison différente mais dont l'effet est le même, bien qu'infiniment plus fort — comme d'un homme qui se trouverait privé d'eau dans un désert, et qui souffrirait d'une soif ardente. C'est ainsi que l'âme souffre, *brûlant* de désir et privée de l'organe qui pourrait le contenter. Il en est de même de tous les désirs de l'âme que le corps seul peut satisfaire. Et la période pendant laquelle l'âme se trouve dans cette condition, peut être appelée le lieu du désir, bien qu'on n'ait pas affaire, bien entendu, à un « lieu ».

L'âme qui pénètre dans le monde animique après la mort est soumise aux lois de ce monde. L'action de ces lois détermine la manière dont sont détruits les penchants qui l'attirent vers le monde physique. Cette manière diffère selon les substances et les forces psychiques avec lesquelles l'âme entre en contact. Chaque espèce de substance et de force exercera sur elle son action purifiante. Le processus est celui-ci : tous les éléments d'antipathie que possède l'âme, se trouvent peu à peu vaincus par les forces de la sympathie, et celle-ci s'accroît elle-même jusqu'au plus haut degré. Car c'est cette sympathie extrême pour le monde animique tout entier, qui provoquera, en quelque sorte, la fusion de l'âme avec lui et l'extinction complète de l'égoïsme. L'âme cesse d'exister en tant qu'être qu'attire l'existence physique, elle libère l'esprit. Elle se purifie donc en traversant les différentes régions que nous avons décrites, jusqu'à ce qu'elle atteigne celle de la sympathie parfaite dans laquelle elle s'unit à tout le monde psychique.

L'esprit reste attaché à l'âme jusqu'au dernier moment, celui de la libération, parce qu'il s'est intimement apparenté à elle durant la vie. Son lien avec l'âme est infiniment plus fort que celui qui l'attache au corps, puisqu'il s'unit au corps par l'intermédiaire de l'âme, tandis qu'il est directement lié à celle-ci. C'est elle qui forme sa vie personnelle. C'est pourquoi l'esprit n'est point lié au corps en dissolution, mais bien à l'âme qui se libère progressivement. A cause de son union directe avec l'âme, l'esprit ne se sent libre que lorsqu'elle s'est elle-même fondue dans le monde animique.

En tant que séjour de l'homme immédiatement après la mort, le monde animique est appelé le « lieu des désirs ». Les différents systèmes religieux dont les doctrines sont marquées par la conscience de ces états, ont donné à ce lieu des « désirs » les noms de « purgatoire », « feu purifiant » etc.

La région la plus basse du monde des âmes est celle du « désir brûlant ». Là sont détruites après la mort les passions égoïstes inférieures les plus grossières qui se rattachent à la vie du corps. Car, par l'intermédiaire de ces passions, l'âme peut éprouver l'action des forces de cette région animique. Les désirs insatisfaits qui lui restent de la vie physique, forment le point de contact.

La sympathie de ces âmes ne s'étend que jusqu'aux éléments qui sont propres à nourrir leur être égoïste, et l'antipathie qu'elles déversent sur tout le reste est infiniment plus puissante. Or, leur désir est tout entier dirigé vers des jouissances physiques qui ne peuvent pas être satisfaites dans le monde animique. Et cette impossibilité à se satisfaire commence par exciter au plus haut point le désir. Cependant, c'est elle aussi qui l'éteindra peu à peu. Brûlant au début, il s'usera progressivement et l'âme aura appris que le seul moyen de détruire la souffrance que la convoitise fait nécessairement naître, c'est d'éteindre celle-ci. Durant la vie physique, de nouvelles occasions de la satisfaire se retrouvent toujours. Et les souffrances du désir brûlant, se dissimulent ainsi derrière un voile d'illusions. Après la mort, dans le « feu purifiant », cette souffrance reparaît sans voile. L'âme est soumise aux terribles épreuves de la privation. Il va sans dire qu'elles n'atteignent que les personnes qui ont eu des passions basses durant leur existence physique. Les natures qui n'ont guère connu la convoitise traversent cette région sans s'en apercevoir, car elles n'ont avec elle aucun point de contact. Notons que plus une âme a connu la convoitise durant son existence physique, plus, par conséquent, elle aura besoin d'être purifiée, plus elle restera longtemps sous son influence. Il ne faut pas considérer cette purification de la même manière que les souffrances qu'on éprouve dans le monde physique. Car l'âme, après la mort, *désire* la purification qui peut seule remédier aux imperfections qu'elle reconnaît en soi.

Le second genre de phénomènes que l'âme rencontre dans le monde animique est caractérisé par l'équilibre qu'y atteignent les forces de la sympathie et de l'antipathie. L'âme sera influencée par ces phénomènes pendant un certain temps après la mort, selon qu'elle se trouvera elle-même dans un état analogue. Cet état est caractérisé par la frivolité, le plaisir qu'on prend aux impressions passagères des sens. C'est celui des personnes qui se laissent influencer par tous les événements insignifiants du jour ; mais leur sympathie n'étant particulièrement sollicitée par aucun objet, les influences qu'elles subissent sont toutes passagères. Tout ce qui dépasse le domaine des futilités est antipathique à ces personnes. Après la mort, leurs âmes étant privées des objets sensibles qui pourraient satisfaire leurs aspirations frivoles, celles-ci devront finir par s'éteindre. L'état de privation qui précède leur extinction est, bien entendu, pénible. L'âme s'instruit par la destruction des illusions qui l'ont enveloppée durant son existence physique.

Nous observons en troisième lieu dans le monde des âmes, un ensemble de phénomènes où domine la sympathie, où le désir est prépondérant. Les âmes en subissent l'influence par tout ce qui en elles crée, après la mort, une atmosphère de désir. Mais ces vœux finissent aussi par s'éteindre faute d'être satisfaits.

La région du sentiment, qui est la quatrième du monde psychique, offre à l'âme une épreuve particulière. Durant sa vie physique, l'âme prend part à tout ce qui atteint le corps. Celui-ci lui donne des sensations de bien-être et des sensations de déplaisir et de malaise. Durant son existence physique l'homme sent son corps comme s'il était lui-même. Ce que l'on appelle le sentiment de soi-même, repose sur cette sensation. Et plus l'homme est sensuel, plus le sentiment de soi-même revêt ce caractère. Après la mort, le corps qui lui servait de base cesse d'exister, mais le sentiment n'en demeure pas moins. L'âme se sent comme vidée, comme si elle s'était perdue elle-même. Et ce sentiment persiste jusqu'à ce qu'elle ait reconnu [que l'homme véritable ne réside pas dans le corps.

L'action de la quatrième région, est, en conséquence, de détruire l'illusion du Soi corporel. L'âme apprend à ne plus accorder au corps de valeur essentielle. Elle est guérie, purifiée de l'attachement qu'elle avait pour lui. Elle a triomphé de tout ce qui l'enchaînait au monde physique et elle peut laisser les forces de la sympathie s'épanouir et rayonner librement. Elle s'est, en quelque sorte, délivrée d'elle-même et elle est prête à se déverser dans le monde animique et à participer à sa vie.

Ne nous dissimulons pas que les suicidés subissent

tout particulièrement les épreuves de cette région. Ils ont abandonné leur corps physique par un moyen artificiel, mais tous les sentiments qui s'y rattachent demeurent inchangés. La mort naturelle entraîne avec la destruction du corps, une extinction partielle de ces sentiments. Aux tourments que donne au suicidé la sensation d'un vide soudain qui se fait en lui, s'ajoutent ceux des désirs et des passions non satisfaits qui l'ont entraîné au suicide.

Le cinquième degré du monde des âmes est celui de la *Lumière psychique*. La sympathie pour autrui y acquiert une très grande valeur. Les âmes entrent en relations avec cette région dans la mesure où, durant l'existence physique, elles ne se sont pas contentées de satisfaire leurs besoins inférieurs, mais ont trouvé de la joie dans le monde qui les entourait. L'amour sentimental de la nature, par exemple, qui est empreint d'un caractère sensuel, est soumis ici à la purification. Il faut se garder de confondre *cet* amour sentimental avec la vie supérieure dans la nature qui est d'essence spirituelle et qui poursuit dans les objets et les phénomènes les révélations de l'Esprit. Ce sens spécial de la nature forme un des moyens de développement de l'esprit lui-même dans lequel il crée un élément durable. Mais il n'a rien de commun avec le plaisir sensuel qu'on prend à la nature. L'âme doit se purifier de ce sentiment là, comme de tout autre penchant qui relève de l'exis-

tence physique. Nombreux sont ceux qui placent leur
idéal dans des institutions qui servent le bien-être sensuel, dans un système d'éducation qui vise avant tout
à l'agrément de l'existence physique. On ne peut pas
dire que ces personnes ne servent que leurs penchants
égoïstes, cependant leur âme est tournée vers le monde
des sens, et la force de la sympathie, qui règne dans la
cinquième région du monde animique et à laquelle
manquent les moyens extérieurs de se satisfaire, doit
la guérir. Ici elle reconnaîtra, peu à peu, qu'elle doit
chercher à sa sympathie des voies nouvelles. Elle ne les
trouvera qu'en la dirigeant sur son entourage, en se
déversant elle-même dans l'espace psychique ambiant.
Les âmes qui attendent de leurs pratiques religieuses
l'amélioration de leur condition physique seront puri-
fiées ici, que leur idéal ait été terrestre ou qu'il ait revêtu l'aspect d'un paradis céleste. Elles trouveront ce
paradis dans « le pays des âmes », mais pour en pénétrer la vanité. Ce ne sont ici, bien entendu, que quelques exemples des purifications qui ont lieu dans la cinquième région. On pourrait les multiplier à loisir.

La sixième région, celle de la *force psychique* entraîne
la purification de la soif d'action qui peut posséder
l'âme. Dénuée d'égoïsme, elle cherche cependant la
satisfaction sensuelle qu'apporte l'action elle-même
Les natures qu'anime cette joie d'action donnent extérieurement l'impression d'être idéalistes ; elles appa-

raissent animées d'esprit de sacrifice. Mais, au fond, ce qui leur importe, c'est d'accroître la joie sensuelle qu'elles prennent à l'action. Beaucoup de natures d'artistes et d'hommes s'adonnant par plaisir à la science, se retrouvent ici. Ce qui enchaîne ces âmes au monde physique c'est la croyance que l'art et la science ont pour raison d'être ce plaisir même.

La septième région, celle de la vie propre de l'âme, délivre l'homme de ses derniers penchants vers le monde sensible. Chacune des régions précédentes enlève à l'âme l'élément qui lui est apparenté. L'esprit n'est plus enfermé dans la croyance qu'il lui est nécessaire de consacrer toute son activité au monde sensible. Il existe des personnalités très douées et qui, cependant, ne pensent guère qu'aux phénomènes du monde physique. On peut qualifier leur croyance de matérialiste. Celle-ci doit être détruite et c'est ce qui se produit dans la septième région. Ces âmes se rendent compte alors que, dans la véritable réalité, l'esprit matérialiste est sans objet. Leur croyance fond comme de la glace au soleil. L'âme désormais est aspirée par le monde auquel elle appartient, et l'esprit délivré de toute entrave s'élève vers les régions où il trouvera son ambiance naturelle. L'âme a accompli sa tâche terrestre et les entraves que cette tâche avait mises à l'esprit se sont brisées. En triomphant du reliquat terrestre, l'âme elle-même est retournée à son élément.

Il ressort de cette description que les expériences du monde animique et, parallèlement, les états de la vie de l'âme après la mort lui deviennent de moins en moins contraires, au fur et à mesure qu'elle efface tout ce qui lui restait de ses rapports avec le monde terrestre et le corps physique, Selon les conditions qu'elle aura créées durant sa vie sur la terre, elle séjournera plus ou moins longtemps dans l'une ou l'autre des régions du monde animique. Elle demeurera dans celle pour laquelle elle éprouvera de l'affinité jusqu'à ce que cette affinité disparaisse. Elle traversera, insensible à toute influence, les régions pour lesquelles elle n'en a point développé.

Nous n'avons voulu décrire ici que les caractères fondamentaux du monde psychique et les traits généraux de la vie de l'âme dans ce monde. Nous procéderons de même dans la description du monde de l'esprit. Ce serait dépasser les limites de cet ouvrage que de nous étendre davantage sur la nature de ces mondes supérieurs.

On ne saurait, en effet, faire comprendre les conditions qui, dans ces mondes, correspondent sans nullement leur ressembler, à celles de l'espace et du temps dans le monde physique, sans s'étendre longuement sur le sujet. On trouvera certaines explications importantes les cencernant dans mon ouvrage *La Science occulte* (1).

____

(1) *La Science occulte*, traduction Jules Sauerwein. Chez Perrin.

III. — LE PAYS DES ESPRITS

Avant de suivre l'esprit sur la route qu'il va prendre, il nous faut d'abord considérer le domaine qu'il aborde. C'est le « Monde de l'Esprit ». Il est à tel point différent du monde physique, que tout ce que nous en dirons paraîtra fantastique à quiconque ne se fie qu'à ses sens physiques. Et, plus encore que pour le monde de l'âme, il faut pour le décrire, se servir de symboles. Car notre langue, qui convient surtout à la réalité sensible, n'est guère riche en expressions pouvant s'appliquer directement au « Monde des Esprits ». C'est pourquoi nous prions tout particulièrement le lecteur, lorsqu'il s'agit de ce monde, de ne considérer bien des choses que nous dirons que comme des indications. Tout ce que nous allons décrire est si différent du monde physique que c'est là la seule méthode à adopter et nous avons conscience du peu de ressemblance réelle qu'ont avec l'expérience véritable de ce monde les indications que nous donnons. L'imperfection de la langue que nous employons, langue qui a été créée pour le monde physique en est cause.

Etablissons tout d'abord que le monde spirituel est édifié avec la substance (le mot substance lui aussi est employé ici dans un sens tout à fait inadéquate) qui compose la pensée humaine. Mais la pensée qui vit dans l'homme n'est que l'ombre, que le fantôme de la pensée véritable. Son rapport avec l'entité qui lui correspond dans le « Monde des Esprits » est pareil à celui qui existe entre l'ombre d'un objet projeté sur un mur et cet objet lui-même. Or, lorsque s'éveille le sens *spirituel,* l'homme perçoit réellement l'entité mentale, comme l'œil sensible perçoit une table ou une chaise. Il circule parmi des êtres de pensée. L'œil sensible perçoit le lion, et l'intelligence qui s'applique aux objets sensibles connaît l'idée du lion, telle une ombre, une image schématique. L'œil *spirituel* voit la pensée du lion dans le « Monde des Esprits » aussi réellement que l'œil physique voit le lion physique. Ce que nous avons dit à propos du monde animique s'applique également à ce que nous disons ici. Comme l'aveugle-né qu'on opère découvre tout à coup à son milieu des qualités nouvelles de couleur et de lumière, ainsi le milieu où se trouve l'homme qui apprend à se servir de son *œil spirituel* lui apparaît comme un monde nouveau rempli de pensées *vivantes* ou d'*êtres spirituels.* Dans ce monde l'on trouve, en premier lieu, les archétypes de tous les objets et de tous les êtres qui sont dans le monde physique et animique. Qu'on se représente l'œuvre d'un peintre existant dans son esprit avant qu'il la peigne et l'on se fera une idée de ce que nous entendons ici par archétypes. Peu importe qu'il ne la conçoive complètement qu'au fur et à mesure de sa réalisation. Dans le véritable « Monde de l'Esprit », il existe de semblables archétypes de tous les objets, les êtres et les choses physiques ne sont que les *copies* de ces originaux.

Il est naturel que l'homme qui ne se fie qu'à ses sens extérieurs, nie ce monde d'archétypes et ne voie en eux que des idées abstraites que la raison se forge en comparant les objets sensibles ; cet homme ne possède pas la perception des mondes supérieurs, il ne connaît le monde de la pensée que dans son abstraction schématique. Il ignore que les êtres spirituels sont plus familiers au voyant, que ne lui sont son chien ou son chat et que le monde des archétypes est d'une réalité infiniment plus intense que le monde physique sensible.

Le premier regard que l'on jette dans ce monde des esprits est, sans contredit, encore plus déroutant que la première vision du monde psychique. Car les archétypes sont, dans leur forme visible, très différents de leurs reproductions physiques. Mais ils ne ressemblent pas davantage à leurs *ombres*, les pensées abstraites. Dans le monde spirituel, tout est en continuelle activité, tout est en création constante.

Il n'existe point là de tranquillité, de repos, de stationnement, comme on en rencontre dans le monde physique. Car les archétypes sont des *entités créatrices*. Ce sont les artisans de tout ce qui apparaît dans le monde physique et animique. Leurs formes changent continuellement. Chaque archétype a la possibilité de revêtir d'innombrables formes particulières. Celles-ci en jaillissent en quelque sorte ; et dès que l'une a été émanée, l'archétype se remet à en créer une nouvelle. Les archétypes ont entre eux des affinités plus ou moins grandes. Ils n'agissent pas séparément, ils ont besoin les uns des autres pour leurs créations. Souvent d'innombrables archétypes coopèrent à la production d'un être dans le monde psychique ou physique.

Parallèlement aux visions qui, dans le « Monde des Esprits », s'offrent au regard « spirituel », certaines expériences s'offrent à « l'audition spirituelle ». En effet, dès que le « clairvoyant » s'élève du « monde de l'âme » à celui de « l'esprit », les archétypes visibles deviennent en même temps *sonores*. Ce « son » dont il s'agit ici est un phénomène tout spirituel. Il ne doit nullement être comparé au son physique. L'observateur se sent baigné dans une mer de sonorités par lesquelles s'expriment les entités du monde spirituel. Dans l'harmonie, les rythmes, les mélodies, qui naissent de ces sonorités, les lois originelles du monde expriment leur existence, leurs rapports mutuels, leurs affinités. Tout ce qui s'offre à l'entendement humain sous forme de loi, d'idée, se révèle à « l'oreille spirituelle » sous forme de musique. (Voilà pourquoi les Pythagoriciens appelaient cette perception du monde spirituel « la musique des sphères ». Pour celui

qui est doué d'ouïe spirituelle, ce n'est point là un terme
imagé, allégorique, c'est une réalité *spirituelle* bien con-
nue.) Pour se faire une idée de cette « musique spirituelle », il faut écarter toutes les représentations que nous
nous formons de la musique sensible, celle que perçoit
« l'oreille charnelle ». Il s'agit ici d'une « perception *spirituelle* » qui, par conséquent, ne peut pas impressionner
l'oreille physique ». Dans un but de simplification, nous
nous abstiendrons désormais de toute allusion à cette
« musique spirituelle ». Il suffira de se représenter que
tout ce que nous décrivons comme « image » comme
« lumière » est en même temps *son*. A chaque couleur, à
chaque phénomène lumineux, correspond un son spirituel et à chaque harmonie de couleurs, une harmonie
sonore, une mélodie, etc. Car il est bien entendu que là
où règne le son, la perception de « l'œil spirituel » ne
cesse nullement. Le son ne fait que s'ajouter à la lumière. Par conséquent, chaque fois qu'il sera question
d'archétypes, il faudra en même temps se les représenter sonores. D'autres perceptions s'ajoutent encore à
celles dont nous venons de parler, elles peuvent se comparer au « goût spirituel », etc. Nous ne les aborderons
pas puisqu'il ne s'agit ici que de faire naître une image
du « Monde des Esprits » au moyen de certaines espèces
de perceptions choisies parmi les autres.

Il s'agit, avant tout, de distinguer entre les différentes
espèces d'archétypes. Pour s'orienter dans le « Monde

des Esprits », il faut y distinguer un certain nombre de degrés ou régions. Pas plus que dans le « monde des âmes », on ne doit s'imaginer ces différentes régions comme des couches superposées, elles se pénètrent, au contraire.

La *première région* renferme les archétypes du monde physique, mais uniquement de ses éléments inanimés. On trouve là les archétypes des minéraux et ceux des plantes, dans la mesure où les plantes sont physiques, autrement dit en faisant abstraction de la vie qui les anime. On y rencontre de même les archétypes des formes animales et humaines. Cette région contient encore beaucoup d'autres choses, celles que nous indiquons ne doivent servir qu'à l'illustrer. C'est ici la charpente fondamentale du « Pays des Esprits ». On peut la comparer à la terre ferme de notre monde physique. Elle forme la masse des continents du « Pays des Esprits ». On ne peut exprimer qu'en images son rapport avec le monde physique. Supposons un espace limité quelconque, rempli de corps physiques de toute espèce. Représentons-nous à présent que ces corps physiques disparaissent en laissant des espaces vides ayant conservé leurs formes. Figurons-nous par contre les espaces qui les séparaient auparavant remplis des formes les plus diverses et se trouvant avec les corps antérieurement existant dans les rapports les plus variés. Tel est à peu près l'aspect que présente la région la

plus inférieure du monde des archétypes. Les objets
et les êtres qui s'incarnent dans le monde physique,
ont ici l'apparence « d'espaces vides ». Et entre eux se
déploie l'activité mouvante des archétypes (et de la
« musique spirituelle »). Au moment de l'incarnation
physique ces « vides » se trouvent comblés dans une certaine mesure par de la substance physique. L'homme
qui contemplerait l'espace d'un regard à la fois physique et spirituel verrait les corps physiques et, s'exer-
çant parmi eux, l'activité des archétypes créateurs.

La *seconde région* du « Pays des Esprits » renferme les
archétypes de la vie. Mais cette vie forme ici une unité
parfaite. Pareille à un élément liquide elle circule dans
le monde de l'esprit et, en toute chose, comme le sang
circule dans le corps. On peut la comparer à la mer et
aux eaux de la terre physique. Cependant elle se distri-
bue plutôt comme le sang dans le corps animal. Vie
mouvante créée de substance mentale, c'est ainsi qu'on
pourrait définir ce second degré du « Pays des Esprits ».
On trouve dans cet élément toutes les forces originelles
créatrices des êtres vivants qui apparaissent dans le
monde physique. L'unité de toute vie et la parenté de
l'être humain avec toutes les créatures s'y manifestent.

La *troisième région* du « Pays des Esprits » comprend
les archétypes de toutes les âmes. On se trouve ici en
présence d'un élément beaucoup plus fin, plus subtil
que dans les deux premières régions. Comparativement

on peut l'appeler l'*air* du « Monde des Esprits ». Tout ce qui se joue dans les âmes des deux autres mondes a ici sa contrepartie spirituelle. Les sensations, les sentiments, les instincts, les passions, etc., s'y retrouvent à l'état spirituel. Les phénomènes atmosphériques qui ont lieu dans cet « air » correspondent aux souffrances et aux joies des créatures dans les autres mondes. La nostalgie d'une âme humaine se manifeste par une brise douce ; une explosion de passion se traduit par un ouragan.

L'homme qui apprend à se représenter ces choses pénètre profondément dans l'angoisse de toute créature sur laquelle il dirige son attention. On percevra, par exemple, dans cette région un orage, des éclairs, le tonnerre. Qu'on approfondisse le phénomène et l'on découvrira que dans ces « orages spirituels » s'expriment les passions d'une bataille livrée sur terre.

Les archétypes de la *quatrième région* ne concernent pas directement les autres mondes. Ce sont, à certains points de vue, des êtres qui gouvernent les archétypes des trois régions inférieures et qui en déterminent les rapports. Ils s'occupent, par conséquent, de les ordonner, de les associer. L'activité que rayonne cette région est donc plus étendue que celle qui émane des degrés inférieurs.

Les *cinquième, sixième et septième régions* se distinguent essentiellement des précédentes. Les entités qui s'y trouvent transmettent, en effet, aux archétypes des régions inférieures, les *impulsions* qui les feront agir. On trouve là les puissances créatrices des archétypes eux-mêmes. L'homme capable de s'élever jusqu'à ces degrés apprend à connaître les « buts » (1) que poursuit notre monde. Comme des germes vivants les archétypes reposent encore ici, prêts à revêtir les formes les plus variées d'êtres-pensées. Lorsque ces germes sont ame-nés dans les régions inférieures, ils s'épanouissent, en quelque sorte, revêtant les formes les plus diverses. Les idées qui rendent l'esprit humain créateur dans le monde physique, sont des reflets, des ombres de ces êtres-pen-sées-germes du monde spirituel supérieur. L'observa-teur doué d' « ouïe spirituelle » qui s'élève des régions inférieures du « Pays des Esprits » à ces degrés plus hauts reconnaît que les sons et les harmonies s'y transforment en une « langue ». Il commence à percevoir « la Parole spirituelle ». Les êtres et les choses lui communiquent leur nature non plus seulement en musique mais en « paroles ». Ils lui disent ce que l'on peut appeler en science spirituelle leurs « *Noms* éternels ».

Il. faut savoir que ces êtres-pensées-germes sont de nature complexe. Seule leur enveloppe est empruntée à l'élément du monde des pensées. Celle-ci renferme

---

(1) Il ressort de ce que nous avons dit précédemment de la difficulté de s'exprimer au moyen du langage, que des termes tels que « buts » ne doivent, être pris, eux aussi, que dans un sens « symbolique ». Il ne s'agit pas ici d'un renouvellement de la vieille doctrine des « .finalités ».

le véritable *germe de vie*. Nous atteignons ici les limites des « trois mondes », car le *germe* est issu de domaines encore plus élevés. En décrivant les parties constitutives de l'homme (voir p. 61), nous avons mentionné ce germe de vie et nous avons appelé les parties qui le composent « l'Esprit-de-Vie » et « l'Homme-Esprit ». D'autres êtres cosmiques possèdent également des germes de vie semblables. Ils sont issus de mondes plus élevés et sont transférés dans les trois mondes décrits pour y accomplir leurs tâches. Nous allons poursuivre à présent le pélerinage de l'esprit humain à travers le « Pays des Esprits » entre deux incarnations. Les rapports et les particularités de ce « Pays » en ressortiront encore plus clairement.

IV. — L'ESPRIT DANS LE PAYS DES ESPRITS
APRÈS LA MORT

Lorsque, poursuivant sa route d'une incarnation à une autre, l'esprit humain a traversé le « Pays des Ames », il pénètre dans le « Pays des Esprits », afin d'y demeurer jusqu'à ce qu'il soit mûr pour une nouvelle existence corporelle. On ne saisit le sens de ce séjour dans le Pays des Esprits que lorsqu'on a compris le but du pèlerinage de l'être humain à travers une incarnation. Pendant qu'il vit dans son corps, l'homme agit et crée dans le monde physique. Et il le fait en sa qualité d'*être spirituel*. Il grave dans les formes, les substances et forces physiques les données de la pensée, les inventions de son esprit. Tel un messager des mondes supérieurs, il doit imprégner d'esprit le monde des corps. Il ne peut agir dans ce monde qu'en s'y incarnant. Il faut qu'il prenne possession de son corps physique comme d'un instrument, afin d'agir sur le monde des corps par son corps et afin d'en recevoir à son tour les influences. Mais à travers le corps, c'est l'esprit qui agit. C'est de lui que proviennent les *impulsions* et les *directions*. Or, tant que dure son action dans le corps physique, l'esprit ne peut pas revêtir son véritable aspect. Il ne peut briller qu'à travers le *voile de l'existence physique*. La vie mentale de l'homme, notamment, appartient en réalité au monde spirituel ; et ce que nous en connaissons durant l'existence physique n'en est qu'une forme voilée. On peut dire aussi que la vie des pensées de l'homme physique est une ombre, un reflet de la réelle entité spirituelle dont elle fait partie. Durant la vie terrestre, l'esprit, par l'intermédiaire du corps physique, entre en rapport avec le monde des corps. Bien que son action sur ce monde soit l'une des tâches qui lui incombent tant que durent ses incarnations, il serait incapable de l'accomplir s'il ne connaissait que l'existence physique. Car les intentions et les buts qui imposent à l'être humain sa tâche terrestre ne se forment pas plus au sein de l'incarnation physique que le plan d'une maison n'est élaboré sur le chantier où travaillent les ouvriers. De même que ce plan est étudié dans le bureau de l'architecte, les buts et les intentions que poursuivra la création terrestre s'élaborent dans le « Pays des Esprits ». Il faut que l'esprit humain y retourne constamment entre ses incarnations, afin d'y puiser tous les éléments nécessaires au travail de la vie physique. Comme l'architecte, sans tuiles ni mortier, prépare dans son cabinet le plan de la maison, selon les lois de l'architecture et les autres lois auxquelles il doit se soumettre, ainsi l'architecte de la création humaine, l'esprit ou le Soi supérieur doit développer dans le «Pays des Esprits », selon les lois de ce pays, les facultés et les buts qu'il transférera ensuite dans le monde terrestre. Ce n'est qu'à la condition de revenir constamment dans son propre monde et d'y séjourner qu'il pourra faire pénétrer l'esprit dans le monde terrestre par l'intermédiaire de son corps physique. Durant son incarnation, l'homme apprend à connaître les qualités et les forces du monde physique. En créant il recueille des expériences, il reconnaît les conditions que le monde physique impose à quiconque veut y travailler. Il découvre les qualités de la substance dans laquelle il veut incarner ses pensées, ses idées. Il ne saurait extraire celles-ci de la substance. Le monde physique est donc à la fois le théâtre de la création et de l'*apprentissage*. Les résultats de cet apprentissage sont ensuite transformés dans le « Pays des Esprits » en facultés vivantes de l'esprit.

Poursuivons, pour plus de clarté, la comparaison que nous avons faite. L'architecte prépare le plan d'une maison. Il le fait exécuter. Il recueille ainsi une quantité d'expériences de toutes natures. Celles-ci accroissent ses capacités, elles féconderont son travail lorsqu'il fera un nouveau plan qui apparaîtra enrichi de tout ce que lui aura appris l'exécution du précédent.

Il en est de même des existences successives de l'homme. Entre les incarnations, l'esprit vit dans son propre domaine. Il est libre de se consacrer tout entier aux exigences de la vie spirituelle ; déchargé du corps physique il se développe en tous sens et il s'incorpore les fruits des expériences de ses incarnations passées. Son attention est donc toujours tournée vers le monde physique et vers les tâches que celui-ci lui impose et il travaille sans cesse à poursuivre l'évolution de la terre dans la mesure où celle-ci forme le champ de son activité. Il travaille à son propre développement afin de pouvoir, chaque fois qu'il se réincarne, servir l'évolution terrestre selon les exigences du moment.

Nous ne donnons évidemment ici qu'une *image générale* des existences successives de l'être humain. Elle ne saurait concorder exactement avec la réalité. Ce n'est qu'une approximation. Selon les circonstances, il peut se faire que telle vie d'un être soit beaucoup moins parfaite que la précédente. Cependant, d'une façon générale, ces irrégularités se corrigent, jusqu'à un certain point, au cours des existences successives.

L'esprit humain se forme au sein du « Pays des Esprits », en s'acclimatant à ses différentes régions. Sa vie se fond successivement en celle de chacune d'elles, et se revêt passagèrement de leurs qualités. Elles imprègnent sa nature de leur nature, afin qu'ainsi fortifié il puisse agir dans le monde terrestre.

Dans la première région du « Pays des Esprits » l'homme se voit entouré des archétypes spirituels des objets terrestres. Pendant la vie physique il n'a appris à connaître que leurs ombres dans ses pensées. Ce que l'on *pense* sur terre, on le *vit* ici. On circule au milieu des pensées, mais celles-ci sont des *entités réelles*. Les objets qu'on perçoit sur terre au moyen des sens apparaissent ici dans leur forme-pensée. Mais la pensée n'est plus l'ombre que projette l'objet ; elle est la réalité vivante qui le crée. Nous nous trouvons pour ainsi dire ici, sur le chantier mental où se conçoivent et se construisent les objets physiques. Car tout dans le « Pays des Esprits » est activité vivante et mouvante. C'est un monde d'êtres animés, créateurs, constructeurs. Nous apprenons la manière dont se *forment* les objets que nous percevions sur la terre ; ils constituaient alors pour nous des réalités, maintenant, étant esprit, nous éprouvons la réalité des forces constructrices spirituelles. Parmi les êtres de pensée qui animent ce monde, se trouve aussi la pensée de notre propre corps physique. Nous nous en sentons éloignés. Seule l'entité spirituelle nous paraît encore faire partie de nous. Et lorsque le corps que nous avons abandonné se présente à nous, non plus comme un objet physique mais comme un objet de pensée, semblable à un souvenir, nous reconnaissons qu'il appartient au monde extérieur. Nous apprenons à le considérer comme une portion de ce monde extérieur. Par suite, nous ne l'en distinguons plus comme appartenant plus particulièrement à notre Soi. Nous percevons l'unité du monde extérieur, notre propre incarnation physique fait partie de son ensemble, nous en contemplons les archétypes, nous sentons que nous avons appartenu nous-mêmes à cette Unité. Par l'observation, on apprend ainsi peu à peu à reconnaître son affinité avec le monde extérieur. On apprend à se dire : « Tout ce que je vois ici, répandu autour de Moi, je le fus moi-même ! »

Or, c'est là une des pensées fondamentales de l'antique sagesse védique hindoue. Le « Sage » acquiert dès la vie terrestre la connaissance que les autres n'auront qu'après la mort ; dès cette vie il saisit son affinité avec toutes choses : « Tu es cela ». Durant la vie physique c'est là un idéal auquel on peut s'adonner en pensée ; dans le « Pays des Esprits » c'est un fait immédiat sur lequel l'expérience spirituelle nous éclaire de plus en plus. Et l'homme reconnaît toujours davantage dans cette contrée que son être véritable appartient au monde de l'esprit. Il se connaît comme esprit parmi des esprits, il appartient aux esprits primordiaux, et la parole : « Je suis l'Esprit originel » résonne en lui-même. (La Sagesse de la Védanta dit : « Je suis Brahman ». C'est-à-dire, je fais partie de l'être primordial dont sont issus tous les êtres).

La vérité qui, durant notre vie terrestre, n'est pour nous qu'une pensée abstraite, cette vérité qui est le but de toute sagesse nous la vivons dans le « Pays des Esprits ». Bien plus, nous la *pensons* durant la vie physique *parce que* durant l'existence spirituelle nous l'avons reconnue comme un fait.

Ainsi durant son existence spirituelle, l'homme con-

144

temple de plus haut et en quelque sorte de l'extérieur les circonstances et les faits au milieu desquels il vit durant son existence terrestre. Dans la région la plus basse du monde des esprits, les circonstances terrestres qui se rattachent directement à la réalité physique du corps, lui apparaissent sous ce jour particulier. On naît dans telle famille, dans tel peuple ; on vit dans tel pays, on lie telle amitié, on fait tel métier. Ce sont là les circonstances qui déterminent notre existence. Elles nous apparaissent durant notre séjour dans la première région du « Pays des Esprits » comme des entités mentales *vivantes*. Nous revivons une fois de plus ces choses, mais nous en percevons le côté actif spirituel. L'amour de la famille que nous avons exercé, l'amitié que nous avons accordée surgissent vivants du fond de nous-mêmes et nos dons d'aimer se trouvent accrus. Les forces spirituelles qui agissent dans l'amour de la famille ou dans l'amitié augmentent. Et nous revenons à une nouvelle existence terrestre plus parfaits sur ce point. Ce sont les fruits des circonstances quotidiennes de l'existence physique qui mûrissent dans cette région inférieure du « Pays des Esprits ». Et le côté de la nature humaine dont tout l'intérêt est absorbé par l'existence quotidienne, se sentira lié à cette région pendant la majeure partie de la vie spirituelle qui sépare deux incarnations. On retrouve dans le monde spirituel les personnes avec lesquelles on a vécu dans le monde physique. De même que tout ce que le corps physique a rendu personnel à l'âme se détache d'elle, le lien qui, dans le monde physique, unit les âmes se purifie de toutes les contingences qui n'avaient de sens et d'influence que dans le monde physique. Mais tout ce qui est, durant notre vie, âme de notre âme se perpétue au delà de la mort dans le monde de l'esprit. Il est naturel que les mots qui conviennent aux conditions physiques ne puissent exprimer qu'imparfaitement les événements de ce monde. En tenant compte de ce fait, on est absolument en droit de dire que les âmes qui s'appartiennent dans le monde physique se retrouvent dans le monde spirituel pour y perpétuer leur union.

La seconde région est celle où la *vie une* devient une entité de pensée et circule, comme l'élément liquide du « Pays des Esprits ». Tant que dure notre incarnation physique, la vie nous apparaît, lorsque nous contemplons le monde, comme la propriété de certains *êtres vivants*. Dans le «Pays des Esprits» elle en est détachée et parcourt le monde entier comme un sang de vie. C'est là l'unité vivante qui pénètre toute chose. Nous n'en percevons qu'un reflet durant l'existence physique ; et nous l'exprimons dans toute forme de vénération que nous offrons au tout, à l'Harmonie, à l'Unité du monde.

La vie *religieuse* de l'homme dérive de ce reflet. Il reconnaît que le sens général de l'existence ne réside pas dans le transitoire, dans la séparation. Le transitoire lui apparaît comme un « symbole », comme une image de l'Eternel, de l'Unité harmonieuse. Vers cette unité il élève son regard, il la vénère, il l'adore. Dans le « Pays des Esprits » ce n'est plus le reflet, c'est l'entité de pensée vivante qui lui apparaît sous sa forme véritable. Ici l'homme peut réellement se fondre avec l'Unité qu'il a adorée sur la terre. Les fruits de la vie religieuse et tout ce qui s'y rattache se manifestent dans cette région. Par son expérience spirituelle, l'homme y apprend que son destin personnel ne doit pas être séparé de celui de la communauté à laquelle il appartient. La faculté de se sentir membre d'un tout s'y développe. Les sentiments religieux, toutes les qualités morales que l'homme s'est efforcé de purifier, d'ennoblir, se chargeront de la force de cette région, pendant une grande partie de son séjour dans le monde spirituel, et il reviendra sur la terre avec un accroissement de ces facultés.

Tandis que dans la première région on rejoint les âmes auxquelles des liens étroits vous unissaient durant la vie physique, on pénètre avec la deuxième région dans le domaine de tous ceux auxquels on s'est senti attaché dans un sens plus vaste, par une vénération commune, une foi commune, etc. Notons que les expériences des premières régions se poursuivent lorsqu'on pénètre dans les suivantes. Ainsi nous ne sommes pas arrachés aux liens formés par la famille, l'amitié, etc., lorsque nous entrons dans la vie de la seconde région et des suivantes. Les régions du « Pays des Esprits » ne

sont pas séparées les unes des autres comme des « rayons »,
elles se pénètrent et l'on ne se sent pas vivre dans une
nouvelle région pour y avoir pénétré par une voie extérieure, mais parce que l'on a atteint en soi-même la
faculté de percevoir certaines choses qui vous entourent,
mais dont on n'avait pas conscience jusqu'ici.

La troisième région du « Pays des Esprits » comprend
les archétypes du monde de l'âme. Tout ce qui vit dans
ce monde est ici entité de pensée. On y trouve les archétypes des passions, des désirs, des sentiments, etc. Mais
dans le monde spirituel rien d'égoïste ne demeure attaché à ces états d'âme. De même que toute vie formait
une unité dans la deuxième région, dans la troisième,
toutes les passions, tous les désirs, tous les plaisirs, toutes
les peines, forment une unité, ceux des autres ne se
distinguent pas des miennes. Les sensations, les sentiments de tous les êtres forment un monde unique
qui enveloppe, qui encercle tout ce qui existe, comme
l'atmosphère physique enveloppe la terre. Cette région
est, pour ainsi dire, l'atmosphère du « Pays des Esprits ».
Ici mûrissent les fruits de toutes les actions qui
ont été accomplies sur terre au service de la communauté, dans un sentiment de dévouement vis-à-vis des
autres êtres. Car, en les accomplissant, on aura vécu
dans un reflet de la troisième région du « Pays des Esprits ». Les grands bienfaiteurs de l'humanité, les natures dévouées, les personnes qui rendent de grands

services aux communautés, ont acquis dans cette région leurs facultés, après avoir, dans des vies antérieures, développé des affinités avec elle.

Il ressort de ce qui précède que les trois régions du « Pays des Esprits » que nous venons de décrire se trouvent dans un rapport particulier avec les mondes inférieurs physique et animique. Elles renferment, en effet, les archétypes, les entités de pensées vivantes qui revêtent dans ce monde une existence corporelle ou animique.

La quatrième région est enfin le pur « Pays des Esprits ». Elle ne l'est cependant pas encore au vrai sens du mot. Elle se distingue des trois régions inférieures du fait que dans ces dernières sont les archétypes des conditions physiques et animiques que nous trouvons à notre arrivée dans le monde physique. Les circonstances de la vie quotidienne s'y relient aux choses et aux êtres. Des objets éphémères de ce monde notre regard remonte vers leurs causes éternelles. Notre pensée désintéressée se tourne vers nos semblables ; eux non plus ne nous doivent pas leur existence, mais c'est à nous que sont dues les créations de l'art, de la science, des arts techniques, de l'état, etc., en un mot, toutes les œuvres originales de notre esprit que nous incorporons au monde. Sans nous, ce monde physique ne posséderait rien de tout cela. Les archétypes de ces œuvres purement humaines résident dans la quatrième région du

« Pays des Esprits ». C'est là que mûrissent les fruits des productions scientifiques, des idées et des formes artistiques, des inventions techniques d'une incarnation terrestre. C'est donc dans cette région que les artistes, les savants, les grands inventeurs puisent leur inspiration et qu'ils accroissent leur génie pendant leur séjour dans le « Pays des Esprits », dans le but de contribuer plus puissamment durant leur vie future au progrès de la civilisation humaine. Il ne faut pas se figurer que cette quatrième région n'a de signification que pour certaines personnalités marquantes. Elle en a une pour *tous* les hommes. Tout intérêt que nous portons durant notre vie physique à des objets qui dépassent la sphère de la vie quotidienne, du sentiment ou de la volonté ordinaires, a sa source dans cette région. Si nous ne la traversions pas durant le temps qui s'écoule entre la mort et une nouvelle naissance, nous n'accorderions, dans notre vie nouvelle, aucune attention à quoi que ce soit qui sortirait du cercle étroit de notre existence personnelle et concernerait l'humanité en général. Nous avons dit plus haut que cette région ne mérite pas encore *complètement* le nom de « Pays des Esprits » proprement dit. En effet, l'état de la civilisation sur la terre au moment où nous la quittons influence notre existence spirituelle dans cette région. Nous ne pouvons jouir que des fruits des actes que nos dispositions personnelles et le degré de développement du peuple, de l'Etat, etc., au sein desquels nous étions nés nous ont permis d'accomplir.

Dans les régions encore plus hautes du « Pays des Esprits », l'esprit humain se dégage de toute entrave terrestre. Il s'élève dans le pur monde de l'esprit où il connaît les buts et les intentions qui l'ont poussé vers l'incarnation terrestre. Tout ce qui se trouve déjà réalisé dans le monde terrestre n'est qu'une copie plus ou moins imparfaite des fins élevées de l'esprit. Tout cristal, tout arbre, tout animal, toute création humaine également, n'offrent qu'une image du but que l'esprit poursuit à travers eux. Tant que nous sommes incarnés, nous n'avons d'autres points de repère que ces images imparfaites d'intentions parfaites. L'homme lui-même ne saurait être dans l'une quelconque de ses incarnations qu'une image imparfaite du but qu'il représente au sein du royaume spirituel. Ce qu'est en réalité son esprit dans le « Pays des Esprits » n'apparaît donc vraiment que lorsque, durant le temps qui s'écoule entre deux incarnations, il s'élève jusqu'à la cinquième région. Ici il est réellement lui-même. Il est cet élément qui se revêt d'existence extérieure au cours de ses multiples incarnations. Dans cette région le Soi véritable de l'homme peut librement s'épanouir. Et c'est ce Soi qui reparaît dans chaque incarnation, mais qui est unique. Il apporte avec lui les facultés qu'il a développées dans les régions inférieures du « Pays des Esprits ». Il transporte les fruits d'une incarnation antérieure dans l'incarnation suivante. Il est le dépositaire des résultats des vies passées.

Dans la cinquième région du « Pays des Esprits » le Soi se trouve dans le domaine des buts et des intentions. Comme l'architecte que les imperfections de l'édifice qu'il a construit ont instruit et qui ne fait entrer dans ses plans nouveaux que le travail qu'il a pu amener à la perfection, ainsi le Soi efface dans la cinquième région les produits de ses vies antérieures qui sont entachés de l'imperfection des mondes inférieurs et féconde les buts que lui révèle le « Pays des Esprits », dans lequel il vit à présent, des résultats obtenus dans ses incarnations passées. Il va de soi que la force que l'on puise dans cette région dépend du plus ou moins d'acquisitions que le Soi aura su retirer de ses existences terrestres et qui seront dignes d'être recueillies par le monde des fins. Le Soi qui, au cours de la vie physique, a cherché à réaliser les intentions de l'Esprit par une pensée active ou par un amour sage et bienfaisant, pourra attendre beaucoup de la cinquième région. Celui qui, au contraire, s'est entièrement absorbé dans l'existence quotidienne, et n'a vécu que dans le transitoire n'a point semé de graines qui puissent féconder dans cette région les fins que poursuit l'ordre éternel du monde. Seule la faible portion de sa pensée qui a dépassé les préoccupations ordinaires de l'existence pourra fructifier dans ce domaine élevé. Il ne

faut pas s'imaginer que nous ayons en vue ici des actes
entraînant la « célébrité » sur la terre, ou toute autre chose
analogue. Non ! il s'agit, au contraire, de tout acte qui
a pu développer en nous, dans les plus humbles conditions de vie, la conscience de la signification qu'ont pour
le devenir éternel chacune de nos actions. Habituons-
nous à penser que le jugement humain qui s'applique
à la vie physique ne peut pas convenir à cette région.
Supposons qu'au cours d'une incarnation un homme
n'ait acquis que peu de facultés capables de le mettre en
relation avec cette cinquième région ; en lui naîtra le désir
de donner à son être une impulsion déterminée qui se
manifestera dans son incarnation future et qui permettra
au destin (Karma) de lui révéler les *conséquences* qu'entraîne son imperfection sur ce point. Il en résultera pour
lui une destinée douloureuse au point de vue de l'existence physique, destinée, qui éveillera peut-être la plus
grande pitié dans son entourage ; cependant, dans cette
cinquième région du « Pays des Esprits », son esprit la
considérera comme absolument nécessaire. Vivant ici
dans son Soi véritable, il est affranchi de toutes les influences des mondes inférieurs qui l'entourent durant
l'incarnation terrestre. Il est ce qu'il fut toujours, ce
qu'il sera sans cesse, tant que dureront ses incarnations.
Il vit dans le royaume des intentions que ses incarnations
poursuivent et dont il imprègne son Soi. Il contemple
son passé et il sent que toutes ses expériences fécondent

les fins qu'il devra réaliser dans l'avenir. Une sorte de mémoire des existences passées et de vision prophétique de l'avenir s'éveillent en lui. C'est donc le « Soi spirituel » dont nous avons parlé plus haut qui vit dans cette région, dans la réalité appropriée à son degré de développement. Il poursuit son évolution et se prépare à réaliser sur terre dans une incarnation à venir les intentions spirituelles.

Lorsqu'après une série de séjours dans le « Pays des Esprits » le « Soi spirituel » se sera suffisamment développé pour se mouvoir tout à fait librement dans ce « Pays », il y trouvera de plus en plus sa véritable patrie. La vie en esprit lui deviendra aussi familière que l'est à l'homme terrestre la vie qu'il mène au sein de la réalité physique. Les points de vue propres au monde spirituel le détermineront désormais, il les adoptera plus ou moins consciemment dans ses existences futures sur la terre. Le Soi sera capable d'être conscient de sa participation à l'ordre divin du monde. Son être intérieur ne subira plus les limites et les lois de la vie terrestre. La force qui animera tous ses actes sera issue du monde spirituel. Or, ce monde est un. Celui qui vit en lui, sait comment l'Esprit éternel a créé son passé et, uni à cet esprit éternel, il peut diriger l'avenir. La vision du passé s'étend et devient parfaite. L'homme qui a atteint ce degré, détermine lui-même les buts qu'il poursuivra dans une future incarnation. Du sein du « Pays des Esprits », il influence son avenir, de manière à le soumettre aux lois de la vérité et de l'Esprit. Pendant la période qui s'écoule entre deux incarnations, cet homme se trouve en présence de tous les êtres sublimes dont son regard pénètre la sagesse divine. Il a atteint le degré qui lui permet de les comprendre.

Dans la sixième région du « Pays des Esprits » l'homme réglera tous ses actes sur la *nature réelle du monde*. Il ne lui sera plus possible de chercher ce qui lui convient à lui-même, mais uniquement ce que l'ordre du monde exige.

La septième région du « Pays des Esprits » nous conduit aux frontières des trois mondes. On se trouve ici en présence des « germes de vie » qui sont transférés des mondes supérieurs dans les trois mondes déjà décrits, afin d'y accomplir leur tâche. Lorsque l'homme atteint la frontière des trois mondes, il se reconnaît lui-même dans son propre noyau de vie. De ce fait les énigmes des trois mondes sont résolues pour lui. Il pénètre toute leur nature. Les facultés de l'âme qui permettent de faire dans le monde spirituel les expériences que nous avons décrites, restent inconscientes, dans les circonstances ordinaires de l'existence physique. Du sein de l'inconscient profond où elles reposent, elles travaillent au développement des organes du corps qui permettent à l'homme d'avoir conscience du monde physique. C'est précisément pour cela, qu'elles demeurent invisibles.

L'œil ne se voit pas davantage lui-même, parce qu'en lui agissent les forces qui lui rendent les autres choses visibles. Lorsqu'on veut juger dans quelle mesure la vie humaine qui s'écoule entre la naissance et la mort est le produit d'existences terrestres antérieures, on ne doit pas oublier que tout point de vue emprunté à la vie physique elle-même et qui paraît naturel à première vue, n'en offre nullement le moyen. Telle existence nous apparaît douloureuse, imparfaite, alors qu'en nous plaçant *en dehors* de la vie terrestre nous pouvons reconnaître que, dans son imperfection et sa souffrance, elle est le produit nécessaire d'existences antérieures. Le chemin de la connaissance, lorsqu'on le poursuit de la manière que nous indiquerons dans un prochain chapitre, libère l'âme des conditions de la vie corporelle. Il lui devient alors possible de percevoir en *images* les expériences qui se placent entre la mort et une nouvelle naissance. C'est de cette perception que dérive la description du « Pays des Esprits » que nous avons esquissée ici. On ne pourra la considérer sous son vrai jour que si on se souvient que l'état d'âme propre à la vie purement spirituelle est tout à fait différent de celui qui convient à l'existence corporelle.

V. — LE MONDE PHYSIQUE ET SES RAPPORTS AVEC LES PAYS DES AMES ET DES ESPRITS

Les formations propres au monde de l'âme et au Pays des Esprits, ne sauraient être l'objet d'une perception extérieure. On doit considérer l'ensemble des objets qu'embrasse notre perception sensible comme un monde nouveau qui s'ajoute aux deux mondes que nous avons décrits. Même durant notre existence physique nous vivons à la fois dans ces trois mondes. Nous percevons le monde sensible et nous agissons sur lui.

Les entités du monde de l'âme nous influencent par les forces de sympathie et d'antipathie qui leur sont propres ; et notre âme, à son tour, agite le monde de l'âme de ses penchants et de ses haines, de ses désirs et de ses passions. La nature spirituelle des choses, elle, se reflète dans le monde de nos pensées ; et nous sommes nous-mêmes en notre qualité d'êtres spirituels pensants, citoyens du Pays des Esprits, participant pleinement à l'intégralité de la vie dans cette région.

Il ressort de ce qui précède que le monde sensible ne forme qu'une partie de l'univers qui entoure l'homme. Il s'en détache pour nous avec une certaine netteté parce que nos sens le perçoivent, tandis qu'ils ignorent les éléments animiques et spirituels qui appartiennent également au monde environnant. De même qu'un glaçon, qui flotte sur l'eau, est composé de la même substance que l'eau ambiante, mais s'en sépare par certaines qualités, ainsi les objets des sens sont faits de la substance des mondes animique et spirituel qui les entourent et ils s'en séparent par certaines qualités qui les rendent perceptibles aux sens. Ils sont, — et ce n'est pas tout à fait une image, — des formes condensées d'esprit et d'âme ; et cette condensation rend possible leur perception par les sens. Nous irons plus loin : comme la glace n'est qu'une forme d'existence de l'eau, les objets sensibles ne sont qu'une forme d'existence des êtres animiques et spirituels. Si l'on saisit bien ce fait, on comprend que le monde de l'esprit puisse se transformer en celui de l'âme et celui-ci en monde des sens.

On conçoit également pourquoi les choses sensibles peuvent être pour nous un objet de réflexions. Il est une question, en effet, que tout être pensant devrait se poser, et c'est celle-ci : quel rapport peut-il exister entre la pensée que nous nous faisons d'une pierre et cette pierre ? A ceux dont le regard spirituel pénètre profondément la Nature ce rapport s'impose. Ils éprouvent l'harmonie qui règne entre le monde des pensées humaines d'une part, la structure et la vie intime de la Nature d'autre part. Le grand astronome Kepler exprime avec beauté cette harmonie : « La vocation divine qui pousse certains hommes à apprendre l'astronomie est véritablement inscrite dans le monde, non point en mots et en syllabes, mais, positivement, en vertu de la conformité existant entre les idées et les sens d'une part et l'enchaînement des corps et des états célestes d'autre part. » C'est uniquement parce que les objets du monde sensible ne sont que des êtres spirituels condensés que la pensée humaine qui s'élève vers ces êtres peut comprendre ces objets. Ceux-ci sont issus du monde spirituel, ils ne représentent qu'une autre *forme* prise par les êtres de ce monde. Lorsque nous nous formons des idées sur les choses, c'est simplement que notre être intérieur s'est détourné de l'apparence sensible vers l'archétype spirituel. Comprendre une chose avec sa pensée peut être comparé au processus par lequel un corps solide est rendu liquide par le feu, dans le but de permettre au chimiste de l'étudier sous cette forme.

On trouve dans les différentes régions du monde spirituel les archétypes du monde sensible (cf. p. 134). Dans les cinquième, sixième et septième régions, ils sont encore à l'état de germes vivants, dans les quatre régions inférieures ils revêtent des formes spirituelles. L'esprit humain en perçoit un vague reflet lorsqu'il s'efforce de saisir par la pensée les objets sensibles. Celui qui désire atteindre une compréhension spirituelle du monde ambiant doit chercher comment ces formes spirituelles se sont condensées pour descendre jusque dans le monde physique. Le monde environnant se divise, pour l'observation sensible, en quatre degrés nettement distincts : les règnes minéral, végétal, animal et humain. Le règne minéral est perçu par les sens et compris par la pensée. Lorsqu'on réfléchit sur un corps minéral on se trouve en présence de deux éléments : l'objet sensible et la pensée. On devra se représenter cet objet sensible comme un être de pensée condensée. Or, les minéraux agissent les uns sur les autres du dehors. Ils se heurtent, se mettent en mouvement, se réchauffent, s'éclairent, se dissolvent l'un l'autre. Ce genre d'action extérieure peut se traduire en pensées. Nous réfléchissons à la manière dont les minéraux s'influencent extérieurement et aux lois qui les gouvernent. Nos pensées au lieu de se restreindre à des objets isolés, s'étendent jusqu'à embrasser le monde minéral en une image d'ensemble. Et celle-ci est un reflet de l'archétype du monde minéral physique tout entier qui forme une *unité* dans le monde spirituel. Dans le règne végétal, à l'action extérieure d'une chose sur l'autre, s'ajoutent les phénomènes de croissance et de reproduction. La plante pousse et donne naissance à des plantes semblables à elle. Aux forces que nous découvrons dans le règne minéral, s'ajoute à présent *la Vie*. Si l'on y réfléchit on verra quelle lumière cette vérité nous apporte. La plante possède la force de se donner à elle-même sa *forme vivante* et de douer de cette forme un être semblable à elle. Comme intermédiaire entre les espèces informes des

substances minérales, tels les gaz, les substances minérales liquides, etc., et les formes vivantes des plantes,
nous trouvons les cristaux. Le phénomène sensible que
représente la naissance de la forme dans les deux règnes
minéral et végétal est l'image densifiée d'un phénomène purement spirituel qui se produit lorsque les
germes spirituels des trois régions supérieures du « Pays
des Esprits » deviennent les formes spirituelles des
régions inférieures. Au processus de la cristallisation
correspond, comme archétype dans le monde spirituel,
le passage du germe spirituel sans forme à la forme or-
ganisée. Que ce phénomène se condense de manière
à ce que son produit devienne perceptible aux sens
physiques, et nous aurons dans le monde physique
le phénomène de la cristallisation. Or, au sein de
la vie végétale on trouve également un germe spirituel
organisé. Mais ici l'être, en revêtant la forme, conserve
en soi la force de lui donner naissance. Dans le cristal,
le germe spirituel en revêtant la forme perd le pouvoir
constructeur. La forme qu'il a produite absorbe toute sa
vie. La plante possède la forme et en outre le pouvoir
de donner la forme. Dans la vie végétale les propriétés
que les germes spirituels possèdent au sein des régions
supérieures du Pays des Esprits se conservent. La plante
est donc une forme comme le cristal, elle est de plus
une force plastique. Outre la forme dont l'Etre primitif s'est revêtu dans la plante, une seconde forme y

travaille ; elle porte l'empreinte des êtres spirituels des régions supérieures. Seule, cependant, la forme achevée de la plante est perceptible aux sens ; les êtres constructeurs qui donnent la vie à cette forme existent au sein du règne végétal à l'état invisible. L'œil physique voit le lis, il est petit aujourd'hui, dans quelque temps il sera plus grand ; le pouvoir plastique qui a tiré la seconde forme de la première demeure invisible. Cette entité dynamique constructrice constitue dans le monde végétal une partie qui reste invisible aux sens physiques. Les germes spirituels sont descendus d'un degré pour agir dans le monde des formes. La science spirituelle connaît des royaumes élémentaux. Dans un premier règne élémental elle groupe les êtres primitifs qui n'ont pas encore de forme, dans un second les entités dynamiques, physiquement invisibles, qui sont comme les artisans de la croissance végétale.

Dans le monde animal, la sensation et l'instinct s'ajoutent aux propriétés de croissance et de reproduction propres aux végétaux. Ces éléments nouveaux sont des manifestations du *monde psychique*. Tout être en qui on les trouve appartient à ce monde, en reçoit les impressions et agit sur lui. Or, toute sensation, tout instinct qui s'éveille dans un animal est tiré du fond de l'âme animale. La forme est plus durable que l'instinct ou la sensation. On peut dire qu'il y a entre la vie de la sensation et la forme vivante plus constante du végétal le même rapport qu'entre celle-ci et la forme figée du cristal. Son pouvoir plastique absorbe jusqu'à un certain point la plante ; durant toute sa vie elle produit constamment de nouvelles formes : d'abord la racine, puis les feuilles, puis les fleurs, etc. L'animal se développe jusqu'à une forme parfaite puis s'arrête et se livre au sein de cette forme à sa vie mouvementée de sensations et d'instincts. Celle-ci a son siège dans le monde de l'âme. La plante est déterminée par la croissance et la reproduction, l'animal l'est par la sensation et par l'instinct. Ils sont pour l'animal la force informe qui revêt sans cesse de nouvelles formes. Ils dérivent, en dernière analyse, de certains procédés archétypiques qui prennent place dans les régions supérieures du monde spirituel. Mais ils agissent dans le monde de l'âme. Aux entités dynamiques qui, physiquement invisibles, provoquent la croissance et la reproduction, s'ajoutent donc, lorsqu'il s'agit du monde animal, d'autres entités qui sont descendues d'un degré encore dans le monde de l'âme. Les artisans des sensations et des instincts sont des êtres sans forme qui revêtent des enveloppes animiques. Ce sont là les véritables constructeurs des formes animales.

On peut, dans la science spirituelle, appeler le domaine auquel ils appartiennent le troisième règne élémental. Outre les propriétés propres aux plantes et aux animaux, l'homme est encore doué de la faculté d'élaborer ses sensations en représentations et en pensées et de régler ses instincts. L'animal est âme ; l'homme est esprit. L'entité spirituelle est encore descendue d'un degré. Chez l'animal elle construit l'âme. Chez l'homme elle pénètre jusque dans le monde matériel lui-même. L'esprit est présent dans le corps physique de l'homme. Et parce qu'il se revêt d'une forme sensible, il ne peut nous apparaître que dans ce reflet vague de l'être spirituel que représente la pensée. L'esprit apparaît dans l'homme conditionné par l'organe du cerveau. En revanche l'esprit est devenu l'être intérieur de l'homme. La pensée est l'aspect que prend en lui l'entité spirituelle sans forme qui revêt la forme dans la plante et l'âme dans l'animal. Par suite, il n'existe pas de règne élémental extérieur à lui ayant pour objet d'édifier son être pensant. Son règne élémental agit dans son corps sensible. Dans la mesure seulement où il est être de forme et d'âme, des entités élémentales de même espèce que celles qui agissent sur les plantes et les animaux, travaillent également sur lui. Mais l'organe de la pensée humaine est exclusivement le produit d'un travail qui s'exerce de l'intérieur sur le corps physique. L'organe de l'esprit chez l'homme, le système nerveux qui trouve dans le cerveau son parfait couronnement, est l'expression physique visible de l'entité dynamique qui travaille invisiblement dans la plante et dans l'animal. Voilà pourquoi, si l'animal a un sentiment de lui-même, l'homme seul a la conscience. L'esprit s'éprouve lui-même comme âme dans l'animal, mais il ne se saisit pas encore comme esprit. Chez l'homme, l'esprit se connaît lui-même, bien que, par suite des conditions physiques, ce ne soit que dans le reflet imparfait qu'est la pensée.

C'est dans le sens de ce qui précède que le monde triple se subdivise comme suit : 1. Le Règne des Archétypes sans forme (premier règne élémental) ; 2. Le Règne des Etres créateurs de formes (deuxième règne élémental) ; 3. Le Règne des Etres psychiques (troisième règne élémental) ; 4. Le Règne des formes créées (cristaux) ; 5. Le Règne des Etres dont les formes physiques sont visibles, mais à l'édification desquels travaillent les êtres créateurs de formes (règne végétal) ; 6. Le Règne des Etres dont les formes physiques sont visibles, mais à l'édification desquels travaillent les êtres créateurs de formes et, en outre, ceux qui se manifestent dans l'âme (règne animal) ; et 7. Le Règne des Etres dont les formes physiques sont visibles, auxquels travaillent encore les êtres créateurs de formes, et ceux qui se manifestent dans l'âme et dans lesquels, en outre, l'esprit lui-même, sous forme de pensée, devient créateur au sein du monde sensible (règne humain).

De ce qui précède, on peut déduire la nature du lien qui rattache au monde spirituel les parties constitutives de l'homme vivant dans un corps (cf. p. 61 et suivantes). On doit considérer le corps physique, le corps éthérique, le corps animique, l'âme sensible et l'âme rationnelle comme des archétypes du Pays des Esprits condensés dans le monde des sens. Le corps physique est dû à la condensation de l'archétype humain jusqu'à sa forme physique. C'est pourquoi on est en droit de l'appeler un être du premier règne élémental condensé jusqu'à la forme physique. Le corps éthérique doit son existence au fait que la forme ainsi obtenue est rendue vivante par l'action d'une entité qui étend son activité jusqu'au monde sensible, mais qui n'est pas elle-même physiquement visible. Pour bien la caractériser il faut dire qu'elle a son origine dans les plus hautes régions du Pays des Esprits et qu'elle prend ensuite, dans la deuxième région, la forme d'un archétype de vie. Comme telle, elle agit dans le monde sensible. De même, l'entité qui édifie le corps animique a son origine dans les domaines les plus élevés du Pays des Esprits et prend ensuite, dans la troisième région, la forme de l'archétype du monde de l'âme pour agir dans le monde sensible. L'âme rationnelle, elle, est due à l'archétype humain qui prend dans la quatrième région du Pays des Esprits la forme de la pensée et agit ainsi dans le monde sensible. Voilà comment l'homme apparaît au sein du monde sensible; voilà comment l'esprit travaille à son corps physique, à son corps éthérique et à son corps animique. Voilà comment cet esprit se manifeste dans l'âme rationnelle. Les archétypes travaillent donc aux trois corps inférieurs de l'homme sous forme d'êtres qui sont, dans un certain sens, extérieurs à lui ; dans son âme rationnelle il devient lui-même un artisan (conscient) de son être. Or, les êtres qui travaillent à son corps physique sont ceux-là mêmes qui édifient le règne minéral. Sur son corps éthérique et sur son corps animique agissent des êtres de même espèce que ceux qui, invisibles aux sens physiques, travaillent dans le règne végétal et dans le règne animal.

Voilà comment les divers mondes coopèrent à la création. Le monde dans lequel vit l'homme est une expression de cette œuvre commune.

Lorsque l'on a compris le monde sensible, on commence à comprendre aussi qu'il existe d'autres êtres que ceux qui appartiennent aux quatre règnes de la nature. Ce que l'on appelle l'Esprit d'un peuple (l'esprit national) en est un exemple. Celui-ci ne se manifeste pas directement dans le monde physique. Il s'exprime à travers les sensations, les sentiments, les penchants, etc., qui sont communs à tout un peuple. Cet être ne s'incarne pas physiquement. De même que l'homme revêt dans le corps une forme physiquement visible, cet être se revêt d'un corps créé des substances du monde psychique. Ce corps est pareil à un nuage dans lequel vivent les membres d'un même peuple ; il influence leurs âmes, ln'en est pas un produit. Si l'on ne se représente pas de cette manière « l'Esprit de la Nation », celui-ci reste à l'état de conception schématique et vague, sans réalité et sans vie, une pure abstraction. Ce que nous venons de dire s'applique également à ce que l'on appelle l'esprit d'une époque. Le regard spirituel embrasse encore une quantité d'autres êtres, plus ou moins élevés, qui environnent l'être humain sans qu'il puisse les percevoir physiquement et qui ne sont visibles qu'aux personnes qui possèdent des facultés de vision spirituelle. Aux espèces inférieures de ces êtres appartiennent tout ce qu'on a appelé : Salamandres, Sylphes, Ondines, Gnomes. Il va sans dire que les descriptions qu'on en donne ne doivent pas être prises pour des images exactes de la réalité. Le monde auquel elles font allusion serait, en ce cas, non pas spirituel, mais grossièrement matériel. Elles ne font qu'illustrer une réalité spirituelle qui ne peut être exprimée que symboliquement. Il est tout naturel que ceux qui ne se fient qu'à la perception sensible, considèrent ces êtres comme de purs produits de la superstition ou d'une fantaisie déréglée. Ils demeurent invisibles aux yeux physiques, puisqu'ils n'ont pas de corps sensible. La superstition ne consiste pas à croire à leur existence, mais à s'imaginer qu'ils pourraient apparaître physiquement.

Ces êtres prennent part à la construction du monde et on les rencontre dès que l'on aborde les mondes supérieurs cachés aux sens physiques. On n'est pas superstitieux parce que l'on voit dans les descriptions que donnent les clairvoyants des images de réalités spirituelles, mais on l'est lorsqu'on croit à l'existence sensible de ces images et on l'est aussi lorsqu'on croit devoir repousser l'esprit en même temps que l'image physique. Il existe encore d'autres êtres qui ne s'abaissent pas jusqu'au monde de l'âme, et dont les enveloppes ne sont tissées que de substances spirituelles. L'homme les perçoit et devient leur compagnon, lorsque son regard et son ouïe spirituels s'ouvrent à eux. Bien des choses qu'il contemplait auparavant sans les comprendre lui deviennent alors intelligibles. Tout s'éclaire autour de lui ; il voit les causes de ce qui n'est qu'effet dans le monde sensible. C'est grâce à son œil spirituel qu'il voit ces choses. Sans lui il les nierait, ou il devrait se contenter de dire : « Il y a plus de choses sous le Ciel et sur la Terre que votre scolastique ne l'imagine ». Certaines personnes plus « sensitives » spirituellement, s'inquiètent lorsqu'elles devinent autour d'elles un monde différent du monde physique ; elles en ont vaguement conscience et y errent comme l'aveugle au milieu d'objets qui pour nous sont visibles. Seule la vision claire de ces domaines supérieurs de l'existence, la pénétration intelligente de leur vie peut affermir l'homme et lui permettre de réaliser son destin. Sa vie s'élargit à tel point que celle qu'il a menée auparavant lui apparaît comme « un rêve sur le monde ».

Nous avons dit que les formes de l'un quelconque des trois mondes que nous avons envisagés ne deviennent une réalité pour nous que lorsque nous avons acquis la faculté et l'organe nécessaires à leur perception. Nous ne percevons certains phénomènes qui ont lieu dans l'espace que parce que nous possédons un œil bien conformé. Nous ne connaissons de la réalité que ce que nous en pouvons saisir. Nous n'avons jamais le droit de dire que seuls sont véritables les objets que nous percevons. Bien des objets peuvent l'être, sans que nous possédions les organes qui nous permettraient de les reconnaître. Or, le monde de l'âme et celui de l'esprit sont tout aussi réels et même beaucoup plus réels que le monde sensible. Nul œil physique ne saurait voir des sentiments, des pensées, ceux-ci n'en existent pas moins. Et, de même que le monde des corps est un objet de perception pour nos sens extérieurs, les instincts, les passions, les sentiments, les pensées le deviennent pour nos organes spirituels. Exactement comme certains phénomènes se jouant dans l'espace, se traduisent par des couleurs pour l'œil physique qui les contemple, les phénomènes animiques et spirituels donnent lieu pour les sens intérieurs à des perceptions analogues à celles des couleurs physiques. Comprendre tout à fait ce que nous voulons dire ici n'est, il est vrai, possible qu'à celui qui a suivi le chemin de la connaissance dont nous parlerons dans le prochain chapitre développant ainsi ses sens intérieurs. Les phénomènes psychiques et spirituels deviennent visibles pour lui dans les mondes de l'âme et de l'esprit qui l'entourent. Les sentiments lui apparaissent sous forme de phénomènes lumineux qui ont leur source dans les êtres sentants. Les pensées qui attirent son attention parcourent l'espace spirituel. Pour lui la pensée qu'un être humain dirige vers un autre n'est point invisible, mais elle devient au contraire, un phénomène perceptible. La pensée elle-même ne vit *que* dans l'âme du penseur, mais elle produit des effets dans le monde spirituel. Et ce sont *eux* que perçoit l'œil spirituel. La pensée émane bien réellement de l'être qui la conçoit et se dirige vers la personne qu'elle vise. L'action qu'elle exerce sur celle-ci peut être perçue dans le monde spirituel. L'être physique ne représente donc pour celui dont les sens spirituels se sont ouverts qu'une partie de l'être humain intégral. Il est un centre d'émanations psychiques et spirituelles. Nous ne pouvons ici que donner un aperçu de ce qu'est, en réalité, le monde infiniment divers qui s'ouvre au voyant. Telle pensée humaine qui n'atteint ordinairement que l'intelligence de l'auditeur devient un phénomène coloré qu'il perçoit spirituellement, la couleur correspondant à la nature de la pensée. La pensée qu'engendre un instinct sensuel n'a pas la même couleur que celle qui aspire à la connaissance pure, à la noble beauté, ou au bien éternel.

Les pensées qui émanent de la vie sensuelle sont colorées de rouge et parcourent sous cet aspect le monde de l'âme (1). Une pensée dirigée vers l'acquisition d'une connaissance supérieure prend une belle couleur jaune claire. De l'amour dévoué jaillit une pensée rose exquise. La nature d'une pensée se manifeste par la couleur, son plus ou moins de clarté s'exprime dans la forme suprasensible qu'elle revêt. La pensée précise du penseur a des contours nets ; les représentations confuses prennent des formes floues, nuageuses. L'entité psychique et spirituelle apparaît ainsi comme formant la partie suprasensible de l'homme intégral.

Les couleurs que « l'œil spirituel » perçoit, rayonnent autour de l'être physique absorbé dans ses occupations et l'enveloppent comme d'un nuage (de forme à peu près ovoïde), c'est ce que l'on appelle l'*Aura humaine*.

Ses dimensions varient selon les individus, cependant, en moyenne, l'homme *complet* est deux fois plus haut et quatre fois plus large que son corps physique.

---

(1) Ces explications donnent naturellement lieu aux plus graves malentendus. C'est pourquoi nous y revenons brièvement dans cette nouvelle édition dans une remarque que l'on trouvera à la fin du livre (cf. p. 223).

172

Dans cette Aura s'agitent les couleurs les plus variées qui forment l'image fidèle de la vie intérieure de l'être humain. Elles sont aussi changeantes que celle-ci. Cependant certaines qualités fondamentales s'expriment en couleurs constantes : talents, habitudes, traits de caractère.

Les personnes qui sont encore étrangères aux expériences qu'implique ce que nous appellerons plus loin le Sentier de la Connaissance, sont exposées à certaines confusions concernant « l'Aura ». Elles pourraient s'imaginer que les « couleurs » dont nous parlons ici impressionnent l'âme, comme la couleur physique l'œil. Une « couleur psychique » qui aurait ce caractère ne serait qu'une hallucination. La science spirituelle ne veut absolument rien avoir à faire avec des hallucinations de ce genre. Et ce ne sont en tout cas pas *elles* qui nous occupent ici. Pour se faire une idée juste de ce que nous entendons, qu'on se représente ce qui suit :

Notre *âme*, outre l'impression sensible que nous donne la couleur physique, éprouve encore une sensation qui varie avec les couleurs. Appelons cela, « sentir le jaune », ou « sentir le bleu ». Or, l'âme qui suit le « Chemin de la Connaissance » a le même « sentiment du jaune » en présence d'une personne qui a une vie psychique active, elle « sent du bleu » lorsqu'elle est en face d'une âme qui se dévoue. L'essentiel n'est point

que le « voyant » qui s'absorbe dans la représentation
d'une autre âme « voit » du bleu comme il le ferait dans
le monde physique. Ce qui importe c'est qu'il éprouve
une sensation intérieure qui lui donne le droit de qualifier de bleue cette représentation, comme on dirait
qu'un rideau est bleu par exemple dans le monde physique. Et il est, de plus, *essentiel* que le voyant ait conscience d'éprouver cette sensation sans que son corps
physique y soit pour rien, en sorte qu'il acquiert la
possibilité de parler de la valeur et du sens de la vie de
l'âme au sein d'un monde dont la perception n'est *pas*
due au corps physique. Bien qu'il soit indispensable
de tenir compte de ce sens particulier que revêt notre
description, il n'en est pas moins vrai qu'il est naturel
au « voyant » de parler de « bleu », de « jaune », de « vert »,
etc., lorsqu'il décrit « l'Aura ».

Celle-ci varie beaucoup selon les tempéraments et les
caractères, et selon le degré de développement spirituel.
L'Aura d'un homme qui s'abandonne à ses instincts
animaux est totalement différente de celle du penseur.
L'Aura d'une personne religieuse se distingue essentiellement de celle d'une personne qu'absorbent les tri-
vialités quotidiennes. Ajoutez à celà que toutes les impressions changeantes, les penchants, les joies, les peines
s'expriment dans l'Aura.

Il est utile de comparer les unes avec les autres les
Auras que font naître les différents états d'âme, afin

d'apprendre à distinguer la signification des couleurs. Considérons d'abord les émotions violentes : on peut les classer en deux espèces distinctes. Celles qu'inspire la nature animale, et celles qui prennent une forme plus raffinée, étant fortement influencées par la pensée. Les premières donnent surtout naissance à diverses nuances de brun et de rouge qui apparaissent dans certaines parties déterminées de l'Aura. Les secondes s'expriment plutôt en tonalités rouge clair tirant sur le jaune et en tonalités vertes. Le vert augmente avec l'intelligence. Cette couleur est très marquée chez les personnes intelligentes, mais qui se consacrent à la satisfaction de leurs instincts animaux ; cependant le vert se nuance alors plus ou moins de brun, ou de brun rouge. Chez les personnes dépourvues d'intelligence, la majeure partie de l'Aura est parcourue par des courants brun rouge ou même rouge sombre, couleur de sang.

Toute différente est l'Aura d'une âme calme, mesurée, réfléchie. Le brun, le rouge, sont remplacés par différentes nuances de vert. L'effort de la pensée donne naissance à une tonalité fondamentale verte agréable. C'est l'aspect que présente l'Aura des personnes dont on dit qu'elles savent s'adapter à toutes les circonstances de la vie.

Le bleu apparaît chez les âmes dévouées. Plus un être est susceptible de dévouement plus le bleu s'accentue. Ici encore on rencontre deux genres de personnes tout à fait distinctes. Les unes n'ont pas l'habitude de mettre de la force et de l'activité dans leurs pensées, ce sont des âmes passives, qui n'ont guère autre chose à offrir à la vie que leur « bon caractère ». Leur Aura s'éclaire de belles nuances bleues. C'est aussi l'aspect que présente l'Aura de beaucoup de natures dévotionnelles, religieuses. Les âmes pleines de pitié qui consacrent volontiers leur vie à la bienfaisance, ont une Aura de même genre. Si elles sont en outre intelligentes, alors des courants verts alternent avec les courants bleus, ou bien le bleu prend lui-même une teinte verte. Ce qui distingue les âmes actives des âmes passives, c'est que chez elles le bleu se trouve imprégné de nuances claires venant de l'intérieur. Les natures inventives dont les pensées sont productives émettent comme d'un point central situé au dedans d'elles-mêmes des couleurs claires et rayonnantes. C'est surtout le cas chez les personnes que l'on qualifie de « sages », d' « avisées », notamment chez celles qui sont riches en idées fécondes. D'une façon générale tout ce qui a trait à l'activité spirituelle prend plutôt l'aspect de rayons qui s'étendent du dedans au dehors ; tandis que tout ce qui provient de la vie animale a la forme de nuages irréguliers qui flottent dans l'Aura.

Selon que l'âme consacre son activité mentale à ses instincts animaux et égoïstes ou, au contraire, à des intérêts positifs d'ordre idéal, ses pensées font naître

176

dans l'Aura des teintes différentes. Un esprit inventif qui emploie toutes ses pensées à satisfaire ses passions sensuelles donne naissance à des nuances bleu rouge sombre ; celui, par contre, qui consacre ses pensées d'une façon désintéressée à un objet utile y fait apparaître des teintes rouge clair bleuté. La vie dans l'esprit jointe à un noble dévouement et à des dispositions au sacrifice se manifeste par une couleur rose ou violet clair.

Cependant ce n'est pas uniquement le caractère fondamental de l'âme qui s'exprime dans l'Aura par des fluctuations de couleurs, ce sont également les affections passagères, les états d'âme et les expériences intérieures. Une colère violente, subite détermine des courants rouges ; l'amour-propre blessé qui se révolte donne naissance à des nuages vert sombre. Mais les phénomènes colorés de l'Aura n'apparaissent pas toujours sous l'aspect de nuages irréguliers, ils revêtent parfois des formes nettement délimitées et régulières. Un accès de peur, par exemple, fait surgir dans l'Aura des lignes onduleuses bleu sombre qui strient l'Aura de haut en bas et qui ont un reflet bleu rougeâtre. Lorsqu'une personne est tendue par l'attente d'un événement déterminé, on voit son Aura parcourue de rayons bleu rouge qui émanent de l'intérieur vers l'extérieur.

Quand la vision spirituelle est exacte, elle déchiffre chaque sentiment. Dans l'Aura des personnes qui réagissent violemment à toute impulsion extérieure, on aperçoit des points et de petites taches bleu rouge qui s'allument continuellement. Chez les personnes peu impressionnables ces petites taches prennent une coloration orange ou une jolie teinte jaune. La distraction se manifeste par des taches bleues de formes plus ou moins changeantes jouant dans le vert.

La vision spirituelle supérieure distingue trois genres de couleurs dans les Auras. Le premier comprend les couleurs qui manquent de transparence, qui sont plus ou moins opaques. Néanmoins lorsqu'on les compare à celles que perçoit notre œil physique, ces couleurs sont délicates et transparentes. Mais, au sein du monde suprasensible, elles épaississent l'espace qu'elles occupent en le remplissant de formes nuageuses sans transparence. La seconde espèce comprend des couleurs qui sont, en quelque sorte, toute lumière. Elles éclairent l'espace qui devient lui-même lumineux. Bien différent de ces deux genres de couleurs est le troisième. Le caractère de ses couleurs est de rayonner, d'étinceller, de briller. Non seulement elles illuminent l'espace qu'elles occupent, mais elles le transpercent de leurs rayons. Elles sont actives, vivantes. Les premières sont immobiles, sans rayonnement. Celles-ci jaillissent en quelque sorte continuellement d'elles-mêmes. Les deux premières espèces de couleurs remplissent l'espace comme d'une substance liquide qui y repose calmement. La troisième espèce l'anime d'une vie sans cesse renaissante, d'une activité ininterrompue.

Ces trois espèces de couleurs ne sont nullement disposées en couches contigues dans l'Aura humaine ; elles n'occupent pas des portions séparées de l'espace. Elles se pénètrent, au contraire, de mille manières. On peut les voir entremêler leurs effets en un même point de l'Aura, de même qu'on peut à la fois voir et entendre un objet physique, une cloche, par exemple. L'Aura devient de la sorte un phénomène extrêmement compliqué. Car on a affaire, en somme, à trois Auras incluses les unes dans les autres et se pénétrant. On arrive à les distinguer en dirigeant son attention alternativement sur l'une ou l'autre d'entre elles.

C'est ainsi que dans le monde physique on ferme les yeux lorsqu'on veut concentrer toute son attention sur l'audition d'un morceau de musique. Le « voyant » possède, en quelque sorte, trois organes, correspondant aux trois genres de couleurs. Et il lui est possible pour ne pas être gêné dans son observation, de fermer ou d'ouvrir à volonté l'un ou l'autre de ces organes. Il se peut aussi qu'il n'ait encore développé qu'une seule espèce d'organe, correspondant au premier genre de couleur. Il ne perçoit alors qu'une Aura, les autres lui demeurent invisibles. De même il peut voir les deux premières Auras et être insensible à la troisième. Un degré supérieur de la « voyance » consiste à percevoir les trois

Auras et à pouvoir, dans un but d'études, diriger son attention tantôt sur l'une, tantôt sur l'autre.

La triple Aura est l'expression visible suprasensible de l'être humain. En elle se manifestent le *Corps*, l'*Ame* et l'*Esprit*.

La première reflète l'influence du corps sur l'âme de l'homme ; la seconde exprime la vie propre de l'âme qui s'est élevée au-dessus des excitations purement sensuelles, mais ne s'est pas encore vouée au service du principe éternel ; la troisième reflète la domination que l'esprit éternel a acquise sur l'être temporel. Dans toute description de l'Aura, on est tenu d'insister non seulement sur la difficulté qu'en présente l'observation, mais surtout sur celle que l'on éprouve à la décrire. C'est pourquoi il ne faut jamais y voir plus qu'une *suggestion*.

Pour le voyant le caractère particulier de la vie d'une âme se manifeste dans la composition de l'Aura. Lorsque cette vie est entièrement vouée aux passions sensuelles, aux excitations extérieures, la première Aura lui apparaît colorée de tons criards ; la seconde, par contre, n'est que faiblement développée ; elle est à peine colorée ; et la troisième n'est qu'indiquée ; ici ou là une petite étincelle jaillit, témoignant que, même lorsque l'état d'âme est inférieur, l'esprit éternel existe en germe dans l'homme, bien qu'il soit comprimé par l'activité sensuelle. Plus l'être humain se débarrasse de sa nature instinctive, plus la première partie de l'Aura perd de son importance. La seconde grandit d'autant plus et remplit de sa force lumineuse le corps coloré au milieu duquel vit l'homme physique, d'une manière de plus en plus parfaite. Plus l'homme devient un «Serviteur de l'Eternel » plus s'illumine la merveilleuse troisième Aura, qui témoigne dans quelle mesure un être est devenu citoyen du monde spirituel. Car le Soi divin rayonne à travers cette partie de l'Aura humaine sur le monde terrestre. Dans la mesure où les êtres humains possèdent cette Aura, ils sont des flammes par lesquelles la Divinité éclaire notre monde. Cette Aura démontre jusqu'à quel point ce n'est plus eux-mêmes, mais le Vrai, le Beau et le Bien éternels qu'incarne leur vie et jusqu'à quel point ils se sont arrachés à leur moi étroit pour l'offrir en sacrifice sur l'autel de la création cosmique.

Dans l'Aura se manifeste, par conséquent, ce qu'un être a fait de lui-même au cours de ses incarnations.

Les trois parties de l'Aura contiennent toutes les couleurs. Mais leur caractère varie selon le degré de développement de l'homme. On peut observer dans la première partie de l'Aura toutes les nuances de la vie instinctive peu développée, depuis le rouge jusqu'au bleu. Ces nuances ont un caractère flou, éteint. Le rouge qui domine indique les passions sensuelles, les appétits charnels, les plaisirs de la bouche. Les nuances vertes paraissent surtout marquées chez les natures inférieures qui inclinent à l'indifférence, à l'hébétement, qui se livrent avidement à toute jouissance, mais qui craignent, en même temps, l'effort nécessaire à la satisfaction de leurs passions. Les passions violentes qui tendent vers un but quelconque auquel ne suffisent pas les facultés acquises, se manifestent dans l'Aura par des nuances vertes, brunâtres ou jaunâtres. Certains « philosophes » de la vie moderne présentent ce genre d'Aura.

Le sentiment de la personnalité qui se fonde entièrement sur les penchants inférieurs, autrement dit le degré le plus bas de l'égoïsme, s'exprime en nuances jaunâtres allant jusqu'au brun. Il est évident que la vie animale instinctive peut également revêtir un caractère plaisant. Il existe une faculté de sacrifice purement naturelle qui se manifeste déjà au plus haut degré dans le règne animal. Cet instinct animal trouve dans l'amour maternel naturel son plus haut degré de perfection. Ces instincts naturels dépourvus d'égoïsme s'expriment dans la première Aura en nuances rouge clair ou roses. La poltronnerie, la peur provoquées par des causes physiques se traduisent par des couleurs bleues brunâtres ou grisâtres.

La deuxième Aura présente également plusieurs degrés de couleurs. Un sentiment personnel très développé, l'orgueil, l'ambition, donnent naissance à des formes brunes et oranges. La curiosité s'exprime aussi en taches rouge jaune. Le jaune clair reflète la pensée, l'intelli-

gence claires ; le vert indique la compréhension de la vie
et du monde. Les enfants qui comprennent facilement
ont beaucoup de vert dans cette partie de leur Aura.
Une bonne mémoire semble se traduire par un jaune
vert dans la seconde Aura. Le rose indique la bienveil-
lance, l'affection ; le bleu la dévotion. Plus la dévotion
se rapproche de l'exaltation religieuse plus le bleu devient violet. L'idéalisme et une conception sérieuse et
haute de la vie s'expriment dans le bleu indigo.

Les couleurs fondamentales de la troisième Aura
sont le jaune, le vert et le bleu. Le *jaune* clair y apparaît
lorsque la pensée s'applique à des idées générales élevées
et cherche dans l'ordre universel divin la raison d'être
de toute chose particulière. Lorsque la pensée est in-
tuitive et qu'elle est jointe à une parfaite pureté de l'i-
magination sensuelle, ce jaune prend un reflet d'or. Le
vert exprime l'amour pour toutes les créatures ; le *bleu*
est le signe du don de sacrifice désintéressé à tous les
êtres. Si ce don s'intensifie jusqu'à devenir une volonté
ferme qui se met activement au service du monde, alors
le bleu s'éclaire jusqu'au violet clair. Si, malgré l'éléva-
tion de l'âme, l'orgueil et l'ambition demeurent comme
derniers restes de l'égoïsme personnel, des teintes
orangées apparaissent à côté du jaune. Il est à noter que
dans cette partie de l'Aura, les couleurs sont bien différentes de celles que nous sommes habitués à voir dans
le monde physique. Rien ne saurait se comparer à la

beauté, à la noblesse de ce que perçoit ici « celui qui voit »

On ne peut se faire une opinion exacte de la description que nous venons de donner de « l'Aura », si on n'accorde pas une importance essentielle au fait que la « *vision de l'Aura* » implique un élargissement et un enrichissement de la vision du monde physique. Elle a pour but de nous faire connaître la forme que revêt la vie de l'âme, laquelle possède en dehors du monde sensible une réalité spirituelle. Cette description n'a absolument *rien* à voir avec l'interprétation du caractère ou des pensées d'une personne d'après l'Aura, vision de nature hallucinatoire. Elle cherche à élargir la *Connaissance*, en l'étendant au monde spirituel et ne veut rien avoir à faire avec l'art douteux de l'interprétation des êtres d'après leurs auras.

LE SENTIER DE LA CONNAISSANCE

Tout le monde peut acquérir la connaissance de la science spirituelle qui est l'objet de ce livre. Des déductions du genre de celles qu'il contient offrent une image mentale des mondes supérieurs. Et elles constituent en quelque sorte le *premier pas* vers la vision personnelle. L'homme, en effet, est un être de pensée. Et il ne peut trouver le sentier de la connaissance qui lui convient qu'en prenant la pensée pour point de départ. Qu'on offre à sa faculté de représentation une image des mondes supérieurs, et celle-ci ne restera pas inféconde, même s'il ne devait y voir tout d'abord qu'un récit se rapportant à certains faits d'ordre supérieur dont il n'aurait aucune connaissance personnelle. Les pensées qu'on lui communique constituent elles-mêmes une force dont l'action se poursuit au sein de son monde mental. Cette force agit en lui ; elle réveille des facultés endormies. Ce serait une erreur de croire que l'application de la pensée à une image mentale de ce genre soit une superfétation. Ce serait accorder à la pensée la valeur d'une abstraction inconsistante. La pensée est une force vivante. Chez celui qui possède la connaissance spirituelle, elle est une expression directe de ce qu'il voit en esprit. Communiquée à un autre elle devient en son esprit un *germe* dont naîtra le fruit de la connaissance.

Si, au nom d'une connaissance supérieure, et méprisant le travail de la pensée, on voulait s'adresser à d'autres forces existant en l'homme, on oublierait que la pensée est la faculté la plus haute que nous possédions dans le monde sensible. Par conséquent, à celui qui nous demande : « Comment puis-je atteindre moi-même à la connaissance supérieure de la science spirituelle? » Nous répondrons : « Commencez par vous instruire en écoutant ceux qui la possèdent ». Et s'il nous répond : » Je veux voir par moi-même, je veux ignorer ce que les autres ont vu », nous lui dirons : « C'est en vous assimilant leurs enseignements que vous franchirez le premier degré qui mène à la connaissance personnelle ». Il pourra nous opposer encore que nous l'incitons à une foi aveugle. Mais il ne s'agit point qu'il croie ou ne croie pas ce qu'on lui rapporte, il faut qu'il écoute dans un esprit de parfaite impartialité. Le véritable investigateur spirituel ne demande jamais la foi aveugle à ceux auxquels il s'adresse. « Voici, dit-il, les expériences que j'ai faites dans les domaines spirituels de l'existence ; je vous les raconte ». Mais il sait qu'en communiquant ses expériences aux autres, et en en pénétrant leurs pensées, il leur donne une force vivante qui les aidera dans leur développement spirituel.

Pour bien comprendre cela, il faut songer que la science des mondes de l'âme et de l'esprit sommeille toute entière au fond de l'âme humaine. On peut la réveiller en suivant le « Sentier de la Connaissance ». Mais, outre la science que l'on fait ainsi remonter du fond de sa propre âme, on peut aussi reconnaître la vérité de celle qu'un autre a acquise. On le peut même avant d'avoir fait soi-même un pas sur le sentier. L'examen attentif des faits rapportés éveille dans l'esprit non prévenu la force de les comprendre. La connaissance inconsciente de l'âme fait écho aux faits spirituels découverts par les autres. Et cet écho n'est point de la foi aveugle, mais une réaction naturelle de l'entendement humain normal.

On devrait considérer cette saine compréhension des enseignements spirituels comme un bien meilleur point de départ, même pour la connaissance personnelle du monde spirituel, que les « méditations » mystiques douteuses et autres procédés par lesquels on croit souvent atteindre des réalités supérieures à celles que nous offre la véritable science spirituelle, accessible à la raison humaine saine et normale.

On ne saurait assez insister sur la nécessité qu'il y a pour celui qui désire développer ses facultés supérieures de connaissance, à entreprendre un travail mental sérieux. Il est d'autant plus important d'insister là-dessus, que bien des personnes veulent devenir « voyantes », mais méprisent ce travail sérieux et modeste de la pensée. « La pensée, disent-elles, ne peut m'être d'aucun secours, la « sensation », le « sentiment » seuls sont importants ». Nous leur répondrons que *personne* ne peut devenir un voyant au sens supérieur (c'est-à-dire vrai) du mot, sans s'être d'abord familiarisé, par le travail, avec la vie des pensées. Bien souvent, une certaine paresse intérieure joue chez ces personnes un rôle néfaste. Elles n'en ont pas conscience, parce que cette paresse prend la forme d'un mépris de la « pensée abstraite », de la « vaine spéculation ». Mais c'est méconnaître la pensée que de la confondre avec le vain échafaudage de raisonnements abstraits.

Autant la « pensée abstraite » est capable de tuer la connaissance suprasensible, autant la pensée vivante peut en devenir la base. Il serait, certes, beaucoup plus commode d'accéder au don supérieur de la voyance en évitant le travail mental. Mais la voyance exige une fermeté intérieure, une sûreté d'âme à laquelle seule la pensée peut conduire et sans laquelle on ne connaîtra jamais que des fantasmogories d'images inconsistantes, qu'un jeu troublant de l'âme, dont certains peuvent s'amuser, mais qui n'a aucun rapport avec la pénétration véritable des mondes supérieurs. Si l'on réfléchit, en outre, aux

expériences purement spirituelles qui attendent celui
qui pénètre réellement dans ces mondes, on comprendra aussi l'autre côté de la question. La « voyance »
exige une santé parfaite de l'âme. Or, il n'existe point
pour elle de meilleure hygiène que la pensée vraie.
Bien plus, cette santé se trouve sérieusement menacée
lorsque les exercices qui mènent au développement spirituel ne sont pas basés sur la pensée. S'il est vrai que
la voyance rend une personne dont la pensée est saine
et juste plus saine et mieux douée pour la vie, il est vrai
aussi que tout effort en vue du développement de l'âme
qui s'accompagne de la peur du travail de la pensée,
toute rêverie dans ce domaine conduit au dérèglement
de la fantaisie et à une conception faussée de la vie.
Rien n'est à craindre pour celui qui s'efforce d'atteindre
la connaissance supérieure en tenant compte des observations ci-dessus ; mais celles-ci devraient former les
conditions indispensables de cet effort. Elles ne font
appel qu'à l'âme et à l'esprit de l'homme ; elles rendent
absurde toute crainte que l'on pourrait nourrir concernant l'influence néfaste que le développement spirituel
pourrait avoir sur la santé physique.

La négation, à priori, est, par contre, nuisible, car
elle agit comme une force de répulsion qui empêche
celui qu'elle anime d'accueillir les pensées fécondes.
La foi aveugle n'est nullement une condition du développement des organes des sens supérieurs, mais celui-ci

n'est pas possible sans une connaissance de la science spirituelle et du monde de pensées qu'elle embrasse. L'investigateur spirituel dit à son élève : « Je ne vous demande *pas de croire* ce que je vous dis, mais de le *penser*, d'en pénétrer votre propre esprit, vos pensées vous amèneront alors d'elles-mêmes à reconnaître la vérité de ce que je vous enseigne. » Tel est l'état d'esprit de l'investigateur spirituel. Il donne à son élève l'impulsion nécessaire, mais celui-ci trouve en lui-même la force qui lui permettra de reconnaître la vérité des enseignements donnés. C'est dans cet esprit que doivent être abordées les données de la science spirituelle. Quiconque a la ferme intention de les approfondir avec sa pensée peut être sûr que tôt ou tard elles le conduiront à la vision personnelle.

De ce qui précède nous pouvons déjà déduire quelle sera la première qualité que devra développer toute personne désireuse d'acquérir la vision personnelle des réalités supérieures. C'est *l'abandon de l'esprit sans arrière-pensée et sans parti-pris* à toutes les révélations de la vie humaine comme aussi à celles du monde extérieur à l'homme. Si nous appliquons à priori à un fait quelconque un jugement précédemment acquis par la vie, nous fermons la porte à l'action calme que ce fait pourrait exercer sur notre esprit et qui nous en ferait saisir tous les rapports. L'étudiant doit, à chaque moment, pouvoir rendre son esprit pareil à une coupe vide dans laquelle le monde peut se déverser. Seuls les instants où nous faisons taire tout jugement, toute critique personnels peuvent être des instants de connaissance. Quand nous nous trouvons en face d'une personne, il ne s'agit nullement pour nous de juger si nous sommes, par exemple, plus sages qu'elle. Même l'enfant le moins raisonnable peut enseigner quelque chose au plus grand sage. Si celui-ci voulait appliquer son jugement à l'enfant, quelque grande que puisse être sa sagesse, elle ne serait, cependant, qu'un verre terni qu'il glisserait entre lui et la révélation de cet enfant (1). Cet abandon de l'esprit aux révélations du monde exige une complète impersonnalité intérieure.

Toute personne qui recherchera à quel point elle possède cette faculté, fera sur elle-même d'étranges découvertes. Si l'on veut s'engager sur le sentier de la connaissance supérieure, on doit s'exercer à se rendre capable de faire abstraction d'un moment à l'autre de tous ses préjugés, de toute sa personnalité. Dans ces conditions, la nature de l'être ou de l'objet que l'on observe pourra se communiquer à vous. Seul un haut degré d'impersonnalité rend possible la perception des faits spirituels supérieurs qui nous entourent de toutes parts.

____

(1) Ceci prouve que « l'abandon de l'Esprit sans arrière-pensée ni parti-pris à toutes les révélations de la vie humaine » que nous avons indiqué comme étant la première condition du développement des facultés supérieures, n'implique pas la destruction du jugement personnel ou un abandon à la foi aveugle. Celles-ci n'auraient aucun sens à l'égard d'un enfant.

Il est possible de développer en soi les facultés que cette perception réclame, en ayant conscience du but à atteindre. Qu'on essaie, par exemple, de ne porter aucun jugement sur les personnes de son entourage, de ne point les estimer, comme on a coutume de le faire, d'après la sympathie ou l'antipathie qu'on éprouve pour elles, selon l'intelligence ou la bêtise qu'on leur suppose ; qu'on s'efforce de les comprendre simplement telles qu'elles sont. Cet exercice sera surtout utile lorsqu'on aura affaire à des personnes pour lesquelles on éprouve de l'antipathie. Qu'on étouffe ce sentiment, et qu'on se laisse impressionner en toute liberté d'esprit par tout ce que font ces personnes.

Ou bien lorsqu'on se trouve dans un milieu qui pourrait provoquer de votre part un jugement, qu'on retienne celui-ci et qu'on s'abandonne à ses impressions sans arrière-pensée (1). Qu'on laisse les choses et les événements *vous* parler, plutôt que d'en parler. Et qu'on étende cette manière de faire à son monde mental. Qu'on comprime tout élément *personnel* qui ferait naître telles ou telles pensées, qu'on permette aux choses et aux événements de les faire éclore librement. Que ces exercices soient poursuivis avec le plus profond sérieux, avec la plus grande persévérance, c'est à cette condition

---

(1) Ceci n'a absolument rien à voir avec la foi aveugle. Il ne s'agit point de croire aveuglément à quoi que ce soit mais de ne pas remplacer l'impression vivante par le « jugement aveugle ».

seulement qu'ils conduiront aux buts supérieurs de la connaissance.

Mépriser ces exercices, c'est méconnaître leur valeur. Quiconque a l'expérience de ces choses sait que la dévotion et la liberté d'esprit sont de véritables créatrices de force. Comme la chaleur que l'on fait naître dans la chaudière se transforme en force motrice dans la locomotive, ainsi les exercices d'abandon impersonnel de l'esprit aux choses se transforment en l'homme en force de vision dans les mondes spirituels.

Ces exercices favorisent la perception de ce qui nous entoure. Mais à cette perception doit s'ajouter la juste appréciation de ce que l'on perçoit. Tant que nous avons une tendance à nous estimer nous-mêmes plus que le monde environnant, nous nous refusons tout accès à la connaissance supérieure. Quiconque s'abandonne, devant chaque chose, ou devant tout événement de la vie, au plaisir ou à la peine qu'il éprouve, est victime de cette présomption. Car *son* plaisir, et *sa* peine ne lui apprendront rien sur les choses, mais seulement sur lui-même. Si j'éprouve de la sympathie pour une personne, cette sympathie ne m'instruit que sur *mon* point de vue à l'égard de cette personne.

Si je fais dépendre mon jugement et ma conduite de mon sentiment, je donne la prépondérance à mon caractère personnel, je l'impose au monde. Je veux que celui-ci m'accepte tel que je suis, au lieu de l'accueillir en moi et de lui permettre de se manifester selon les forces qui agissent en lui. En d'autres termes, je ne tolère que ce qui est conforme à mon caractère personnel. J'exerce contre tout le reste une force de répulsion. Tant que nous sommes pris par le monde des sens, nous repoussons ainsi, en particulier, toutes les influences qui ne sont pas accessibles aux sens

L'étudiant de la science spirituelle devra apprendre à se comporter vis-à-vis des choses et des êtres en tenant compte de leur caractère et de leur valeur. La sympathie et l'antipathie, le plaisir et la peine joueront des rôles tout nouveaux. Il ne saurait être question de les déraciner, d'éteindre toute sensibilité à leur égard. Au contraire, plus nous développons en nous le pouvoir de ne pas faire découler immédiatement un jugement ou une action de toute sympathie ou antipathie que nous pouvons éprouver, plus notre faculté de sentir deviendra délicate. Nous verrons sympathie et antipathie revêtir un caractère supérieur, lorsque nous aurons mâté celui qui leur est habituel. L'objet même le moins sympathique à première vue a des vertus cachées, il les révèle à l'homme qui ne s'abandonne pas à ses sensations égoïstes. Ceux qui se sont entraînés dans ce sens ont une sensibilité générale plus délicate que les autres, parce qu'ils ne se laissent pas égarer par leur personnalité de façon à se rendre insensibles. Tout penchant auquel on obéit aveuglément, rend aveugle à la véritable

194

nature des choses. Il nous entraîne en quelque sorte à travers ces choses, au lieu que nous devons leur offrir notre sensibilité pour en éprouver la valeur réelle.

D'autre part, lorsque nous cessons de nous laisser solliciter d'une manière égoïste par toute joie, toute peine, toute sympathie ou antipathie, et de nous laisser guider par elles, nous acquérons une indépendance plus grande à l'égard des impressions *changeantes* que nous procure le monde. Le plaisir que nous fait éprouver un objet nous rend dépendants de lui. Nous nous perdons en lui. Toute personne qui, obéissant à ses impressions changeantes, se perd dans ses joies et ses peines, ne peut pas suivre le sentier de la connaissance spirituelle. Il faut accueillir avec *sérénité* le plaisir et la peine. On cesse alors de se perdre en eux ; par contre, on commence à les comprendre. Une joie à laquelle je m'abandonne dévore ma vie pendant qu'elle me possède. Mais moi, je ne dois utiliser la joie que pour parvenir par elle à la compréhension de l'objet qui me la donne. Je ne dois point m'attacher au *fait* que cet objet me donne du plaisir, je dois éprouver celui-ci et atteindre par lui à la *nature* de l'objet. Le plaisir ne doit être pour moi que la révélation d'une qualité possédée par l'objet capable de donner de la joie. Cette qualité il faut que je la reconnaisse. Si je m'en tiens au plaisir et que je me laisse absorber par lui, je ne fais que me sentir moi-même ; si le plaisir n'est, au contraire, pour moi qu'une occasion d'éprouver une qualité de l'objet qui me l'a procuré, j'enrichis par lui mon être intérieur. Le plaisir et la peine, la joie et la douleur doivent devenir pour le chercheur des *occasions* de connaître les choses. Il ne perdra rien, par là, de sa sensibilité aux joies et aux douleurs, mais il les dominera, afin qu'elles lui révèlent la nature des choses. Celui qui se développe dans cette direction, reconnaît quels maîtres sont la douleur et la joie. Il sentira avec les autres êtres et leurs âmes ainsi se révéleront à lui. Le chercheur ne dira plus : combien je souffre! combien je me réjouis! mais : que me dit la douleur, que m'apprend la joie? Il s'offre afin que douleurs et joies du monde s'expriment en lui. Cette attitude développe en l'homme un moyen tout nouveau de se comporter vis-à-vis des choses. Jadis telle impression était suivie pour lui de telle action, simplement parce qu'il y avait trouvé du plaisir ou de la peine. Désormais, il laisse le plaisir et la peine être, eux aussi, des organes par lesquels les objets lui disent ce qu'ils sont en eux-mêmes. Le plaisir et la peine se transforment *en lui* de simples sentiments en organes de sens qui perçoivent le monde extérieur. Comme l'œil n'agit pas lui-même, lorsqu'il perçoit quelque chose, mais laisse la main agir, ainsi le plaisir et la peine n'ont aucune action chez le chercheur spirituel dans la mesure où il les emploie comme instruments de connaissance, mais ils reçoivent les impressions et c'est la réalité perque qui les transmue en action. Lorsque nous utilisons ainsi le plaisir et la peine comme des organes transmetteurs, ils édifient en notre âme les organes réels qui nous ouvriront le monde spirituel. L'œil n'est utile au corps que parce qu'il est un organe transmetteur d'impressions sensibles ; le plaisir et la peine deviennent des *yeux de l'âme*, lorsqu'ils cessent de n'avoir de valeur que pour eux-mêmes et commencent à révéler à l'âme l'âme étrangère.

Les qualités que nous venons d'indiquer mettent le chercheur spirituel en état d'être impressionné par la vie qui l'entoure, sans subir l'influence pernicieuse de sa personnalité. Mais il faut encore qu'il s'adapte lui-même au monde spirituel environnant. En tant qu'être pensant il a droit de cité dans ce monde. Mais il n'en usera réellement que lorsqu'il conformera ses pensées aux lois éternelles du Vrai auxquelles obéit le monde spirituel. Car ce n'est qu'ainsi que ce monde pourra agir sur lui et se révéler à lui. On n'atteint pas la vérité en s'abandonnant aux pensées qui traversent sans cesse le moi. Car ces pensées prennent alors la direction que leur impose la nature physique, au sein de laquelle elles prennent naissance. Chez l'homme qui s'abandonne aux activités mentales que conditionne son cerveau physique, le monde des pensées est désordonné, incohérent. Une pensée surgit puis disparaît, chassée par une autre.

Si l'on écoute la conversation de deux personnes, ou

si l'on s'observe soi-même sans parti-pris, on aura une idée de ce qu'est cette masse fluctuante de pensées. Tant que l'homme n'obéit qu'aux buts que lui propose la vie physique, les réalités de l'existence se chargeront toujours de corriger le cours désordonné de ses pensées. Quelle que puisse être l'incohérence de mes pensées, la vie quotidienne impose à mes actions les lois de la réalité. Je puis me faire d'une ville l'image la plus bizarre, si je veux y trouver mon chemin il faudra que je me soumette à la réalité du fait. Le mécanicien peut entrer dans son atelier la tête pleine d'idées tourbillonnantes, les lois auxquelles obéissent ses machines le ramèneront aux proportions réelles. Au sein du monde des sens, les faits corrigent continuellement les pensées. Que je me fasse d'un phénomène physique ou de la forme d'une plante une conception erronnée, la réalité m'apparaîtra et rectifiera ma pensée. Il n'en est plus de même lorsque je considère mes rapports avec les domaines supérieurs de l'existence. Je ne les dévoilerai que si je pénètre dans ces mondes, armé d'une pensée déjà sévèrement réglée. Car c'est elle qui devra me guider ici, sinon je ne trouverai pas mon chemin. Les lois spirituelles qui se manifestent dans ces mondes, en effet, ne se sont pas, condensées jusqu'à la ressemblance des lois physiques et, en conséquence, elles ne m'imposent point la contrainte qu'exercent ces dernières.

Je ne suis en mesure de leur obéir que si ma propre

nature d'être pensant leur est apparentée. Il faut ici que je sois mon propre guide et que je sois un guide sûr. Le chercheur du sentier doit discipliner sa pensée; celle-ci doit, peu à peu, cesser complètement de ne faire que suivre le courant de la vie quotidienne; elle doit revêtir le caractère intérieur du monde spirituel. L'homme doit s'observer et se tenir en mains mentalement. Il lui est interdit de laisser ses idées s'associer au hasard ; elles doivent obéir à l'ordre sévère du monde mental et aux lois strictes de la pensée. L'homme, en sa qualité d'être pensant, devrait, en quelque sorte, présenter sans cesse l'image de ces lois. Tout ce qui leur échappe, il doit l'interdire à ses pensées. Si une idée favorite survient en lui et si elle nuit au cours régulier de ses réflexions, il doit la repousser. Si un sentiment personnel tente de donner à ses pensées une direction qui ne leur est pas inhérente, il doit l'étouffer. Platon exigeait de ceux qui voulaient entrer dans son école, qu'ils suivissent d'abord un entraînement mathématique. Les mathématiques constituent, en effet, grâce à leurs lois sévères que n'influence pas le cours quotidien des phénomènes sensibles, une bonne préparation pour le chercheur du sentier. Elles l'obligent, s'il veut progresser, à repousser tout dérangement, tout caprice de la personnalité. Le chercheur se prépare à sa tâche en dominant toute ingérence de sa volonté dans la pensée. Il apprend à n'obéir qu'aux exigences que celle-ci comporte elle-même.

199

C'est ainsi qu'il procédera toujours, lorsqu'il voudra que ses pensées servent à sa connaissance spirituelle. Sa *vie mentale* doit devenir elle-même une image du jugement et de la déduction mathématiques impersonnels. Le chercheur du sentier s'efforcera de penser ainsi en toute occasion. Alors les lois du monde spirituel pénétreront son esprit, tandis qu'il les ignore lorsque sa pensée revêt le caractère incohérent qui lui est habituel. Une pensée bien réglée est un point de départ sûr qui nous permet d'atteindre jusqu'aux vérités les plus cachées. Ces remarques, cependant, ne doivent pas être prises dans un sens étroit. Quand bien même les mathématiques constituent une excellente discipline de la pensée, on peut acquérir une pensée pure, saine et vivante sans leur secours.

Le chercheur du sentier doit appliquer à l'action les mêmes mesures qu'à la pensée. Ses actes doivent obéir aux lois éternelles de la Beauté et de la Vérité sans être dérangés par la personnalité. S'il entreprend une activité quelconque parce qu'il l'a reconnue juste et si son sentiment personnel n'y trouve pas de satisfaction, le chercheur n'a pas le droit de l'abandonner *pour cela*. Il ne doit pas davantage la poursuivre, pour la seule raison qu'elle lui procure de la joie, s'il découvre qu'elle ne concorde pas avec les lois éternelles du Beau et du Vrai. Dans la vie journalière, nos actions sont généralement déterminées par le plaisir ou l'avantage que *nous* espérons personnellement en retirer. Nous imposons ainsi au courant de la vie du monde des directions propres à notre personnalité. Nous ne réalisons pas le Vrai que prévoient les lois du monde spirituel, mais nous nous laissons mener par notre caprice. On n'agit en accord avec le monde spirituel que lorsqu'on n'obéit qu'à ses seules lois. Les actions qui ne découlent que de la personnalité ne donnent point naissance à des forces pouvant servir de base à la connaissance spirituelle. Le chercheur du sentier ne peut pas se contenter de se demander : qu'est-ce qui me procurera l'avantage ou le succès ? il doit ajouter : qu'ai-je reconnu comme étant le Bien ? Il devra renoncer à tout caprice et à tout bénéfice personnel de ses actes. Telles sont les lois sévères auxquelles il devra savoir se soumettre. Suivant alors les voies du monde spirituel, son être entier se trouvera imprégné de ses lois. Il se libérera de toute contrainte du monde sensible : L'Homme-Esprit surgira hors de ses enveloppes matérielles. Il pénétrera dans la voie du progrès vers l'esprit et se spiritualisera lui-même. Qu'on ne dise pas : qu'importent toutes les déterminations que je pourrais prendre de ne plus suivre que les lois de la Vérité, puisque je puis me tromper sur cette vérité. Ce qui importe c'est l'état d'esprit, c'est le caractère que nous développons en nous. Même celui qui se trompe, fait naître en soi une force lorsqu'il tend vers la Vérité ; celle-ci le ramènera toujours dans la bonne voie. S'il est dans l'erreur, cette force s'emparera de lui et le conduira vers la vérité. Se dire : « Je pourrais me tromper », témoigne d'un doute nuisible et prouve qu'on n'a pas confiance dans la force de la vérité. Car il s'agit précisément de ne pas s'estimer soi-même au point de s'assigner un but conforme à son point de vue égoïste, mais de s'abandonner à l'esprit d'une façon impersonnelle afin qu'il vous dirige. La volonté personnelle de l'homme ne peut pas prétendre réglementer la Vérité, c'est au contraire *celle-ci* qui doit devenir toute puissante en nous, imprégner notre être tout entier et en faire l'image des lois éternelles du Pays des Esprits. Nous devons nous pénétrer de ces lois, afin de les faire rayonner dans le monde.

Le Chercheur du Sentier doit être maître de sa volonté comme de sa pensée. Il deviendra par là, en toute humilité, un messager du monde du Vrai et du Beau. Et en le devenant, il s'élèvera de façon à participer, au monde spirituel. Il se haussera ainsi de degré en degré dans l'échelle évolutive. Car on ne peut atteindre la vie spirituelle par la seule contemplation, il faut la vivre. Si le chercheur du sentier observe les lois que nous venons d'indiquer, les expériences de l'âme qui concernent le monde spirituel revêtiront pour lui une forme tout à fait nouvelle. Elles cesseront de n'être que des expériences intérieures, n'ayant de sens que pour lui seul. Elles deviendront des perceptions animiques

des mondes supérieurs. Dans son âme, tous les sentiments, le plaisir et la peine, la douleur et la joie deviennent des organes, pareils aux yeux et aux oreilles physiques, organes qui ne sont pas simplement doués d'une
vie propre, mais qui transmettent d'une façon impersonnelle les impressions extérieures. Le chercheur atteint
ainsi au *calme* et à la *sécurité* de l'âme qui sont nécessaires
à l'investigation des mondes spirituels. Une joie ne le
réjouira plus seulement, elle pourra être pour lui l'an-
nonciatrice de qualités que possède le monde et qu'il
avait ignorées jusqu'à ce jour. Elle ne détruira pas son
calme ; à travers celui-ci se manifesteront les caractères
des êtres qui lui apportent de la joie. Une douleur ne le
comblera plus seulement de peine, elle pourra lui dire
aussi quelles sont les qualités que possède l'être qui a
provoqué la douleur. Comme notre œil ne demande
rien pour lui-même, mais nous indique le chemin que
nous devons suivre, le plaisir et la peine guident avec
sûreté l'âme dans sa voie. Tel est l'état d'équilibre
de l'âme, auquel doit parvenir le Chercheur du Sentier.
Moins le plaisir et la peine s'épuiseront dans les vagues
qu'ils soulèvent au sein de la vie intérieure du chercheur,
plus ils activeront la formation d'yeux capables de voir
le monde spirituel. Tant que l'homme s'absorbera dans
le plaisir et dans la peine, ceux-ci ne lui apprendront
rien. Quand il vivra non *en* eux mais *par* eux, quand il
les débarrassera du sentiment de sa personnalité, ils de-

viendront pour lui des organes de perception. Par eux il verra, il connaîtra. Ce serait une erreur de penser que le Chercheur du Sentier doive devenir un homme froid, dur, sans joies, ni douleurs. Le plaisir et la peine existent en lui, mais lorsqu'il explore le monde spirituel, ils se transforment, ils deviennent «des yeux et des oreilles».

Tant que nous vivrons et que nous éprouverons les choses d'une façon personnelle, elles ne nous dévoileront d'elles-mêmes que ce qui a rapport avec notre personnalité. Mais ce n'est là que leur côté périssable. Abstrayons-nous de ce qui n'est que transitoire en nous-même et concentrons le sentiment que nous avons de nous-mêmes, notre « Moi », dans ce qui, est durable, alors les éléments périssables de notre être deviendront des intermédiaires à travers lesquels se dévoilera le principe impérissable, éternel des choses. Il faut que ce rapport entre son propre être éternel et le principe éternel des choses s'établisse chez le Chercheur du Sentier. Même avant qu'il ne se livre à des exercices du genre de ceux que nous avons décrits, et pendant qu'il les accomplit, il faut qu'il tourne son esprit vers ce côté impérissable des êtres et des choses. Quand j'observe une pierre, une plante, un animal, un homme, il faut que je me souvienne qu'en eux tous s'exprime un principe éternel. Je dois pouvoir me poser la question : Quel est donc le principe éternel de cette pierre ou de cet homme ? Qu'est-ce qui survivra à leur apparence sensible? Qu'on n'aille pas croire qu'en tournant ainsi son attention sur la nature éternelle des choses, on éteigne en soi l'observation désintéressée et l'intelligence de la vie quotidienne et que l'on s'éloigne de la réalité. Au contraire, chaque feuille, chaque insecte nous découvrira d'innombrables mystères, lorsque notre œil ne sera pas seul à les contempler, mais *qu'à travers* notre œil, notre esprit s'absorbera en eux. Chaque scintillement, chaque nuance de couleur, chaque son ne cesseront point d'être pour les sens des perceptions vivaces, mais une infinité de choses s'y ajouteront. Ceux qui ne sont pas capables d'appliquer leur regard à l'observation de la plus petite chose, n'atteindront qu'à des pensées pâles et sans vie et ignoreront la vision spirituelle. Ce qui importe en cette matière c'est notre *état d'esprit*. Le degré auquel nous pourrons atteindre dépendra de nos facultés. Faisons le nécessaire et abandonnons le reste à notre développement ultérieur. Qu'il nous suffise tout d'abord de tourner notre esprit vers le côté impérissable des choses. *Ce faisant* nous éveillerons en nous la connaissance de l'impérissable. Attendons qu'elle nous soit donnée. Elle le sera au moment voulu, à tout être qui attend avec patience et qui travaille.

Lorsqu'on fait ces exercices, on observe bientôt en soi de profondes transformations. Chaque objet gagne ou perd de l'importance, selon le rapport qu'il a avec un principe éternel. L'appréciation et l'évaluation du monde change. Un rapport nouveau s'établit entre le sentiment et le monde ambiant. Le transitoire cesse de n'avoir que l'attrait qu'il peut posséder en soi. On découvre qu'il participe de l'éternel et qu'il en est un symbole. Et c'est cet éternel en toute chose que l'on se prend à aimer. Il vous devient familier, comme jadis le transitoire. Et cela non plus ne vous éloigne pas de la vie, mais vous apprend seulement à donner à chaque chose sa signification véritable. Même les futilités de la vie ne passeront pas pour vous sans laisser de traces : vous ne vous perdrez plus à leur jeu ; chercheur de l'esprit, vous reconnaîtrez leur valeur limitée ; vous les verrez sous leur jour véritable. Bien pauvre seriez-vous si, ne voulant vivre que dans les hauteurs nuageuses, vous en arriviez à oublier la vie. Le véritable chercheur aura, des hauteurs qu'il atteint, une vision claire et un sentiment exact de toute chose qui lui permettront de donner à chacune la place qui lui revient.

Ainsi une possibilité s'ouvre à lui d'échapper aux influences incalculables du monde extérieur des sens qui sollicitent en tous sens sa volonté. La connaissance qu'il a acquise lui permet de plonger son regard dans la nature éternelle des choses. La transformation de son monde intérieur lui a donné la faculté de percevoir cette nature éternelle. Voici certaines pensées qui prennent encore pour lui une importance toute particulière : Quand, de par sa propre volonté, il se détermine à l'ac-

tion, il a conscience de le faire en conformité avec la nature éternelle des choses. Car les choses expriment *en
lui* leur être éternel. Il agit donc dans le sens de l'ordre
éternel du monde, lorsqu'il laisse le principe éternel qui
est en lui guider son action. Il sait qu'il cesse ainsi de
n'être mené que par les choses, et que c'est lui qui les
mène selon les lois qui leur sont inhérentes et qui sont
devenues celles de son propre être. L'acte qui prend sa
source dans l'être intérieur ne peut être qu'un idéal
vers lequel on tend. Il ne pourra être atteint que dans un
lointain avenir. Mais le Chercheur du Sentier doit avoir
la volonté de reconnaître clairement que telle est la route
à suivre. C'est là sa *volonté de Liberté*, car être libre c'est
agir par soi-même. Or seul a le droit de le faire, celui qui
puise dans l'éternel les raisons d'agir : sinon les raisons
qu'il cherche ne sont point celles qui sont inhérentes
aux choses. S'opposant à l'ordre universel, il devrait
être vaincu par lui. Autrement dit, le but qu'il assigne-
rait à sa volonté ne pourrait pas, en définitive, se
réaliser. Il ne pourrait pas devenir libre. Le caprice de
l'être séparé trouve dans les effets qu'entraînent ses
actes sa propre annihilation.

**
* *

Celui qui sait agir de cette manière sur sa vie intérieure
s'élève de degré en degré dans la connaissance spiri-

tuelle. Les exercices auxquels il se livre auront pour
résultat de dévoiler à sa perception supérieure certaines
vérités du monde spirituel. Il apprendra le sens réel des
enseignements qui lui ont été donnés concernant ce
monde et il les trouvera confirmés par sa propre expérience. Ce degré une fois atteint, un événement l'atten-
dra qu'il ne peut rencontrer que sur cette voie. D'une
manière particulière dont il ne comprendra qu'alors
toute la signification, ce que l'on appelle l'Initiation
lui sera octroyée par les « hautes puissances spirituelles qui dirigent l'espèce humaine ». Il deviendra
un « disciple de la Sagesse ». Moins l'on ramènera une
initiation de ce genre à un ensemble de conditions extérieures auxquelles l'être humain serait soumis, plus on
s'en fera une idée exacte. Nous ne pouvons qu'indiquer
ce qui advient alors du chercheur. Il reçoit une nouvelle
patrie. Il devient, consciemment, citoyen du monde suprasensible. La source des connaissances qui affluent en
lui se trouve désormais située dans un lieu supérieur.
La lumière de l'intelligence ne l'éclaire plus du dehors,
il est lui-même transporté dans le centre d'où elle jaillit.

Les énigmes que pose le monde s'éclairent pour lui.
Désormais il ne s'entretient plus avec les objets de la
création spirituelle, mais avec l'esprit créateur lui-
même. La vie propre de sa personnalité n'existe plus,
durant les instants où il s'adonne à la connaissance spirituelle, que comme un symbole conscient de l'éternel.

Les doutes qui pouvaient lui rester concernant l'esprit disparaissent, car seul peut douter celui que les objets égarent, en sorte qu'il ne voit plus l'esprit qui les anime. Puisque le « disciple de la Sagesse » est capable de converser avec l'Esprit lui-même, toutes les fausses apparences dont il a revêtu celui-ci disparaissent. La fausse apparence dont on revêt l'Esprit est la superstition. L'initié a dépassé la superstition parce qu'il connaît la forme réelle de l'Esprit. *Liberté* à l'égard des préjugés de la personnalité, du doute et de la superstition ; voilà ce qui caractérise l'homme qui a atteint sur le Sentier de la Connaissance l'état de disciple. Qu'on ne confonde pas cette fusion de la personnalité avec la vie spirituelle générale, avec l'annihilation de la personnalité dans l'esprit universel. Cette annihilation est incompatible avec le véritable développement de la personnalité. Celle-ci subsiste, au contraire, dans le rapport qu'elle établit entre elle et le monde spirituel. Comme symbole de cette union entre l'esprit séparé et l'Esprit universel il ne faut pas choisir l'image de cercles divers qui se fusionnent en un seul pour s'y confondre ; il faut choisir celle des cercles revêtus chacun d'une couleur bien déterminée. Ces cercles de diverses couleurs se superposent, mais chaque nuance demeure inaltérée. Aucune d'elles ne perd rien de sa force particulière.

Nous ne poursuivrons pas plus avant la description du Sentier. Dans la mesure où cela était possible je l'ai donnée dans mon ouvrage *La Science occulte* qui est la continuation de celui-ci.

Ce que nous avons dit ici du Sentier de la Connaissance, pourrait donner lieu à une *interprétation erronée*. On pourrait croire que l'état d'âme que nous recommandons implique un éloignement de toute vie active, joyeuse et spontanée. Nous répondrons à cela que l'état d'âme favorable à l'expérience directe des réalités de l'esprit ne constitue pas une exigence que l'on doive étendre à toute la vie. L'investigateur de l'existence spirituelle peut acquérir le pouvoir de soustraire son âme à la réalité des sens, ceci étant une condition indispensable de sa recherche, sans devenir par ailleurs étranger au monde. Mais il faut reconnaître, d'autre part, que la connaissance du monde spirituel, non seulement celle qu'on acquiert en suivant le sentier, mais celle que l'on doit à la pénétration des vérités de la science spirituelle par l'entendement sain et libre de tout préjugé, conduit à une compréhension vraie de l'existence sensible et à la santé de l'âme.

REMARQUES ET ADDITIONS

Page 38. Il y a peu de temps encore le fait de parler d'une « force vitale » vous classait parmi les esprits non scientifiques. Actuellement on voit poindre ici et là, au sein de la science, une tendance à admettre l'idée de la « force vitale » qu'on reconnaissait autrefois. Lorsqu'on pénètre le sens du développement de la science moderne, on reconnaît, cependant, que ceux qui nient la force vitale ont une logique plus conséquente. La « force vitale » ne fait nullement partie de ce que l'on appelle actuellement les « forces naturelles ». Et si l'on ne veut pas s'élever à des habitudes de penser et à des modes de représentation supérieurs à ceux qui règnent actuellement, on ne devrait pas parler de « force vitale ». Seule la méthode de penser et les hypothèses de la « science spirituelle » permettent d'envisager ces choses, sans s'exposer à des contradictions. Même les penseurs qui veulent baser leurs opinions sur les sciences naturelles pures, ont abandonné aujourd'hui la croyance qui fut celle de la seconde moitié du XIXe siècle, et qui n'admettait, pour l'explication des phénomènes de la vie, d'autres forces que celles de la nature inanimée. L'ouvrage d'un naturaliste aussi sérieux que Oscar Hertwig *Le devenir de l'organisme ; réfutation de la théorie du hasard de Darwin*, est une production scientifique d'une grande portée. Elle s'oppose à la théorie d'après laquelle les lois physiques et chimiques peuvent seules coopérer à l'édification de l'être vivant. Il est également important de constater que ce que l'on appelle le néo-vitalisme reprend l'idée de l'existence de forces particulières aux êtres vivants, idée que nourrissaient les anciens partisans de la « force vitale ». Mais on ne dépassera pas, dans ce domaine, certaines conceptions abstraites et schématiques, si l'on ne veut pas admettre que le principe qui agit sur l'être vivant par delà les forces organiques, n'est accessible qu'à une *perception directe* des objets suprasensibles. Il ne s'agit pas ici de développer les méthodes de la science naturelle dans le sens où elles ont été appliquées à l'étude de l'inorganique et de les transporter dans le domaine de la vie ; il s'agit de se rendre maître d'une nouvelle méthode de connaissance.

Page 39. Lorsque nous parlons du « sens du toucher » que possèdent les organismes inférieurs, nous n'entendons pas par là ce que l'on désigne ordinairement par ce mot, lorsqu'on décrit les « sens ». A l'usage habituel de ce terme la science spirituelle pourrait faire de nom-

breuses objections. Nous entendons bien plutôt ici
la *perception générale* d'une impression extérieure, par
opposition aux perceptions *particulières* de la vue, de
l'ouïe, etc.

Pages 40-64. Il pourrait sembler que la division de
l'être humain que nous exposons dans cet ouvrage repose
sur une distinction tout à fait arbitraire entre différentes
portions de la vie de l'âme. Nous tenons à bien spécifier
que cette distinction a une signification analogue à
celle qu'on accorde au phénomène de la décomposition
du rayon lumineux par le prisme. Ce que fait le physi-
cien pour l'éclaircissement du phénomène de la lumière,
lorsqu'il étudie le passage du rayon lumineux à travers
le prisme et les sept nuances de couleurs que celui-ci
détermine, l'investigateur spirituel le fait pour la compréhension de l'âme et de sa nature. Les sept parties
de l'âme ne sont pas de simples divisions qu'établit la
raison abstraite. Elles le sont aussi peu que le sont les
sept couleurs du prisme à l'égard de la lumière.
Dans les deux cas, la distinction qu'on établit repose
sur la nature propre du fait incriminé. Seulement les
sept parties de la lumière sont rendues visibles par un
procédé extérieur, tandis que les sept parties de l'âme
le sont par l'observation spirituelle appliquée à la nature
de l'âme. Celle-ci ne peut être saisie véritablement que
lorsqu'elle est soumise à cette division. Par le corps phy-

sique, le corps vital et le corps animique, l'âme appartient au monde transitoire ; par les quatre autres parties de l'être elle plonge ses racines dans l'éternel. Dans « l'âme unique » le temporel et l'éternel sont confondus. Si l'on ne comprend pas les divisions de l'âme, on ne peut pas saisir son rapport avec l'ensemble du monde. Prenons une autre comparaison. Le chimiste sépare l'eau en hydrogène et en oxygène. Dans la substance une de l'eau on ne peut pas distinguer ces deux éléments. Ils n'en possèdent pas moins chacun sa nature propre. L'un et l'autre se combinent encore avec d'autres éléments. De même, au moment de la mort, les trois « éléments inférieurs de l'âme » se combinent avec la nature du monde temporel, les quatre éléments supérieurs s'immergent dans la nature éternelle. Celui qui s'opposerait à la division de l'âme, ressemblerait au chimiste qui se refuserait à séparer l'eau en oxygène et en hydrogène.

Page 46. Toutes les déductions de la science spirituelle doivent être prises dans leur sens précis. Car toute leur valeur réside dans une impression exacte des idées. Si dans la phrase : « Il (l'animal) n'y rattache pas de pensées indépendantes (aux sensations, etc.), dépassant l'expérience immédiate », on négligeait, par exemple, les mots « indépendantes, dépassant l'expérience immédiate », on commettrait facilement l'erreur de croire que nous nions toute immixtion de pensée dans les sensations et les instincts animaux. Or, la vraie science spirituelle repose sur une connaissance pour laquelle toute vie intérieure animale (comme toute existence en général), est imprégnée de pensée. Seulement les pensées de l'animal ne sont pas les pensées indépendantes d'un « moi » vivant en lui, mais ce sont celles du moi-groupe qui doit être considéré comme un être gouvernant l'animal du dehors. Ce moi-groupe n'est pas dans le monde physique, comme le moi de l'homme, mais il agit sur l'animal du sein du monde psychique. (Pour plus de détails voir mon livre *La Science occulte*.) Ce qui caractérise l'homme, c'est que les pensées revêtent *en lui* une existence indépendante, elles ne naissent point indirectement par l'intermédiaire de la sensation, mais elles sont conçues directement en tant que pensées.

Page 52. Lorsque nous affirmons que les petits enfants disent en parlant d'eux-mêmes : « Charles est sage » ou « Marie veut cela », il faut bien noter qu'il ne s'agit pas tant du moment plus ou moins tardif où l'enfant apprend à se servir du mot « je », que de celui où il rattache à ce mot la représentation qui lui est propre. Si les enfants entendent les adultes faire usage du mot « je », il se peut qu'ils l'emploient aussi, mais sans se faire pour cela une idée du « moi ». Cependant l'usage *généralement* tardif de ce mot est l'indice d'un fait important du développement, la transformation lente du sentiment obscur du moi en idée du moi.

Page 55. On trouvera la description de la nature réelle de l' « Intuition » dans mes ouvrages : *L'Initiation* et *La Science occulte*. Si l'on n'y prenait pas garde, on pourrait trouver une contradiction entre la manière dont nous employons cette expression dans les deux livres cités et le sens que nous lui donnons ici (p. 55). Cette contradiction disparaît lorsqu'on songe que les faits, qui se dévoilent dans toute leur plénitude à la connaissance suprasensible, se révèlent au soi spirituel dans leur forme la plus *inférieure*, comme la vie extérieure du monde physique se révèle à la sensation.

Page 65. A propos de la « réincarnation de l'esprit et de la destinée. » Il faut noter que dans ce chapitre nous n'avons pas fait appel, comme dans les autres, à certaines connaissances spirituelles, mais nous avons tenté de déduire de l'observation intelligente du cours de la vie humaine, certaines représentations qui nous permettent de conclure dans quelle mesure la vie humaine et sa destinée témoignent de l'existence de vies terrestres successives. Il est tout naturel que ces représentations paraissent sujettes à caution à ceux qui ne trouvent « fondées » que les représentations ordinaires visant l'existence d'une seule vie. Mais ici nous cherchons précisément à prouver que notre manière de penser ordinaire est incapable de nous instruire sur les causes qui président à la destinée. C'est pourquoi il est *nécessaire* que nous cherchions à nous former des représentations nouvelles qui seront en contradiction *apparente* avec celles qui nous sont habituelles. Pour ne pas les chercher, il faudrait se refuser absolument à soumettre à l'examen de la pensée toute succession de phénomènes touchant l'âme, comme on y soumet celles qui se déroulent dans le monde physique. Dans une pareille conception on n'accorde aucune importance au fait qu'un coup du destin qui atteint le Moi s'apparente dans la sensibilité à l'évocation par le souvenir d'un événement analogue du passé. Mais si l'on essaie de saisir la manière dont est ressenti un coup du destin, on arrive à distinguer *la réaction véritable* de l'être des appréciations auxquelles l'événement donne lieu de la part du monde et qui le dépouillent de sa relation vivante avec le moi. Il apparaît à ce point de vue là ou comme un coup du hasard, ou comme déterminé par une cause extérieure. Or, comme en certains cas il peut arriver qu'un coup du destin ne soit pas un effet, mais une cause dont les conséquences ne se manifesteront que plus tard, on est d'autant plus tenté de généraliser ces cas et de ne pas même songer qu'il pourrait s'en présenter d'autres. On ne commence à y prendre garde que le jour où les expériences de la vie impriment à vos idées une direction spéciale. Nous en trouvons un exemple chez l'ami de Gœthe, Knebel ; dans une de ses lettres il lui écrit : « Observons attentivement la vie et dans l'existence de la plupart des hommes nous découvrirons un plan qui leur est, en quelque sorte, imposé, soit par leur propre nature, soit par les circonstances. Quelque variées et changeantes que puissent être les conditions de leur existence, un plan d'ensemble s'en dégage qui témoigne d'une certaine homogénéité... La main de la Destinée, quelque cachée que soit son action, est évidente, elle peut être déterminée par une influence extérieure ou par une action intérieure ; bien plus, des causes contradictoires peuvent s'exercer sur elle. Quelque confus que soit le cours d'une vie, on y découvre toujours une cause et une direction. » Cette observation est exposée à rencontrer beaucoup d'objections, surtout de la part des personnes qui ne *veulent* pas prendre en considération la vie de l'âme là où elle a sa source.

L'auteur de ce livre croit avoir tracé dans l'exposé qu'il a fait de la succession des vies terrestres les limites exactes entre lesquelles on peut se former des représentations concernant les causes qui président à la formation de la vie. Il a montré que ces représentations ne peuvent conduire qu'à l'esquisse d'une conception et qu'elles ne peuvent que nous *préparer par la pensée* aux vérités que la science spirituelle devra nous faire découvrir. Mais cette préparation mentale représente un exercice de l'âme qui, si nous en comprenons la portée exacte, si nous ne lui demandons pas de « prouver » quoi que ce soit, mais d' « exercer » notre âme, détruit en nous tout préjugé et nous rend accessibles à des connaissances qui, sans cette préparation, nous paraîtraient insensées.

Page 95. Dans le dernier chapitre de ce livre intitulé « le Chemin de la Connaissance », je n'ai abordé que brièvement la question des « organes de perception spirituelle ». Je l'ai longuement traitée dans mes ouvrages *L'Initiation* et *La Science occulte*.

Page 131. Il ne faudrait pas conclure à une *agitation* incessante dans le monde spirituel du fait qu'il n'y existe pas de « tranquillité, de repos, de stationnement, comme on en rencontre dans le monde physique ». Dans ce monde où « les archétypes sont des êtres créateurs » il n'existe pas, en effet, de repos en un même lieu, mais il y règne le calme spirituel qui s'accorde avec l'activité. On peut le comparer à la satisfaction paisible et à la sécurité de l'esprit qui se manifestent non dans l'inactivité, mais au contraire dans l'action.

Page 137. Nous sommes tenus d'employer le mot « buts » à l'égard des forces qui poussent l'évolution du monde, bien que l'on puisse être tenté de les comparer à des intentions humaines. On ne peut éviter cette erreur qu'en donnant à des mots, nécessairement empruntés au domaine humain, un sens plus élevé, qui leur enlève leur acception étroite, humaine, et leur en communique une dont nous nous rapprochons en certaines occasions de la vie où nous nous haussons, en quelque sorte, au-dessus de nous-mêmes.

Page 137. Pour plus de détails concernant « la Parole spirituelle » consulter *La Science occulte*.

Page 154. Lorsque nous disons ici que... « uni à cet esprit éternel, il peut diriger l'avenir », nous voulons indiquer l'état d'âme particulier qui est propre à l'homme durant le temps qui s'écoule entre la mort et une nouvelle naissance. Tel coup de la destinée atteint l'être durant sa vie physique et, étant donné l'état d'âme propre à cette vie, il lui apparaît contraire à sa volonté. Durant la vie qui s'écoule entre la mort et une nouvelle naissance, une force qui ressemble à la volonté règne sur l'âme et pousse l'être vers cette destinée. L'âme voit en quelque sorte l'imperfection que lui ont laissé ses vies antérieures et qui provient d'une action ou d'une pensée laides. En elle s'éveille entre la mort et la naissance une impulsion qui ressemble à de la volonté et qui la pousse à effacer cette imperfection. Elle contracte,

en conséquence, une tendance à se précipiter elle-même
dans un malheur, au cours de ses vies futures, afin
d'obtenir par sa souffrance la compensation qu'elle
cherche. Une fois incarnée, l'âme que la destinée atteint
ne se doute *pas* que durant la vie purement spirituelle
qui a précédé sa naissance, elle s'est tournée d'elle-même
vers ce malheur. Ainsi, ce qui, au point de vue de la vie
terrestre, apparaît totalement *involontaire*, est *voulu*
par l'âme dans l'au delà. « Au sein de l'Eternel, l'homme
détermine son avenir ».

Page 170. Le chapitre de ce livre qui est intitulé :
« Des formes-pensées et de l'Aura humaine » est certainement celui qui peut donner lieu au plus de méprises.
Les adversaires de ces idées y trouveront les meilleurs
prétextes à objections. On pourrait être tenté, par
exemple, de demander au voyant de soumettre ses dé-
clarations à certaines preuves établies selon le mode de
la science naturelle. On pourrait exiger qu'un certain
nombre de personnes prétendant voir l'Aura, soient
mises en présence d'autres personnes, afin de se laisser
impressionner par l'Aura de celles-ci et de nous dire
quelles sont les pensées, les sentiments, etc., qu'elles
y découvrent. Si leurs observations coïncident et s'il est
prouvé que les personnes observées ont réellement eu
les pensées, les sentiments indiqués, alors on pourra
croire à l'existence de l'Aura. C'est là, évidemment, un

raisonnement tout à fait conforme à l'esprit des sciences naturelles. Mais considérons le raisonnement suivant : Le travail que l'investigateur spirituel accomplit sur sa propre âme et qui lui donnera la faculté de la vision spirituelle, a pour but *précisément d'acquérir celle-ci*. Que, dans un cas particulier, il perçoive quelque chose dans le monde spirituel, et *ce qu'il perçoit*, voilà qui ne dépend plus de lui. Cela vient à lui, comme un *don* du monde spirituel. Il ne peut *forcer* la vision, il doit attendre qu'elle lui soit octroyée. Toute *intention* qu'il pourrait avoir de la provoquer ne pourra jamais compter parmi les raisons qui la feront naître. Or c'est précisément *cette production intentionelle* du phénomène qu'exige toute expérience faite dans l'esprit des sciences naturelles. Mais le monde spirituel ne se laisse pas commander. Si une épreuve de ce genre devait être tentée, elle devrait l'être sous l'instigation du monde spirituel. Un être devrait au sein de ce monde nourrir l'intention de révéler à un ou plusieurs voyants les pensées d'une ou de plusieurs personnes. Ces voyants devraient alors avoir été poussés à se réunir par une « impulsion spirituelle ». Leurs données, en ce cas, concorderaient sans le moindre doute. Quelque paradoxal que tout cela puisse paraître à la pensée scientifique, cela n'en est pas moins vrai. Les « expériences spirituelles » ne peuvent pas être faites de la même manière que les expériences physiques. Qu'un voyant reçoive la visite d'un étranger, il ne pourra

pas simplement « entreprendre » d'observer l'Aura de
cette personne. Mais il la verra, s'il existe dans le monde
spirituel un motif pour qu'elle se dévoile à lui.

Ces quelques remarques n'ont d'autre but que d'attirer l'attention du lecteur sur la méprise à laquelle est due
l'objection ci-dessus. La science spirituelle a pour devoir
d'indiquer la voie par laquelle les hommes pourront
atteindre la vision de l'Aura. A celui qui cherche la
connaissance elle ne peut donc répondre que ceci :
« Soumettez votre âme aux conditions qu'exige la vision
et vous verrez. » Il serait évidemment plus commode que
les exigences de la science naturelle ci-dessus indiquées
fussent satisfaites. Mais en s'en réclamant on prouve
qu'on ignore jusqu'aux premières données de la science
spirituelle.

L'exposé que nous avons donné de l'Aura humaine
dans cet ouvrage n'a pas pour but de contenter « l'attrait
du sensationnel » qu'exerce « l'au-delà ». Cet attrait ne
se trouve satisfait que lorsqu'on lui apporte une conception de l'esprit qui ne diffère en rien des conceptions
propres au monde physique et qui nous permet de rester commodément cantonnés dans celles-ci. Les remarques que nous avons faites (p. 173) sur la manière
spéciale dont il faut se représenter la couleur de l'Aura
devraient suffire à nous préserver de pareilles erreurs.
Mais il faut aussi que celui qui cherche à se faire une
idée exacte de ces choses comprenne que l'âme humaine

aura nécessairement une image spirituelle — et non physique — de l'Aura, lorsqu'elle aura *l'expérience* du monde de l'esprit et de l'âme. Sans cette image, l'expérience demeure inconsciente. Il ne faudrait pas confondre l'image avec l'expérience elle-même ; mais il faut se rendre compte aussi que l'expérience trouve dans l'image son expression parfaite. Ce n'est point l'âme en contemplation qui la crée arbitrairement, elle se forme d'*elle-même* au cours de la perception suprasensible.

De nos jours, on pardonne au savant naturaliste de parler de « l'Aura humaine », comme le fait, par exemple, le professeur Moritz Benedikt dans son livre intitulé : *La Doctrine des Corps élastiques et du Pendule* : « Il existe un certain nombre relativement restreint de personnes qui possèdent une vue adaptée à l'obscurité. La plupart de ces personnes voient dans l'obscurité quantité d'objets sans couleurs ; très peu d'entre elles les voient colorés... De nombreux savants et médecins furent à même d'examiner dans ma chambre noire mes deux catégories de sujets... et il ne subsista guère en eux de doutes concernant l'exactitude de ces observations et des descriptions qui leur furent données... Les personnes qui perçoivent les couleurs dans l'obscurité, voient le devant du front et du crâne bleus, le côté droit bleu, le côté gauche rouge... ou quelques-uns d'entre eux orange. En arrière, on retrouve les mêmes divisions et les mêmes colorations. »

224

Mais on ne pardonne pas aussi facilement au savant des sciences spirituelles de parler de l' « Aura ». Nous n'avons pas l'intention de discuter ici l'étude du professeur Benedikt, qui est une des plus intéressantes de la science naturelle moderne, ni de saisir une occasion trop facile « d'excuser », comme tant de personnes aiment à le faire, la science spirituelle à l'aide de la science naturelle. Nous avons simplement voulu montrer comment, dans un cas déterminé, un savant peut arriver à certaines conclusions qui ne sont pas très éloignées de celles de la science siprituelle. Cependant il faut observer que l'Aura spirituelle dont il est question dans notre ouvrage, est tout à fait différente de celle dont parle Benedikt et qui est accessible à la vue physique. Ce serait commettre une méprise grossière que de croire que l'Aura spirituelle pourrait être étudiée par les moyens de la science naturelle. Elle n'est accessible qu'à la vision spirituelle développée sur la voie de la connaissance (que nous avons décrite dans le dernier chapitre de ce livre). Mais ce serait également commettre une erreur que de prétendre que la réalité des faits spirituels doive être démontrée de la même manière que celle des faits accessibles aux sens physiques.

TABLE DES MATIÈRES

OUVRAGES DE RUDOLF STEINER

Traduits en français

Le Mystère Chrétien et les Mystères antiques. Traduit de l'allemand et précédé d'une introduction par Edouard SCHURÉ, 4ᵉ édition, *chez Perrin et Cⁱᵉ*.

La Science Occulte. Traduit de l'allemand par Jules SAUERWEIN, 3ᵉ édition, *chez Perrin et Cⁱᵉ*.

Le Triple Aspect de la Question Sociale, *chez Fischbacher*.

Aux " ÉDITIONS DE L'AUBE "

Noël, Conférence faite le 13 décembre 1907.

Les Guides Spirituels de l'Homme et de l'Humanité. Résultats de recherches occultes sur l'évolution humaine. Traduit de l'allemand par Jules SAUERWEIN.

Imp. des *Presses Universitaires de France*, Paris. — 32.115.